AUFWACHEN UND GRENZENLOS SEIN LEBEN IST JETZT

SABRINA SCHNEIDER

Jeder Mensch ist in sich gleichwertig und nur im Kollektiv können wir gemeinsam Veränderung und Frieden in der Welt schaffen. Auch du bist ein Teil des Ganzen, zusammen sind wir Eins.

INHALT

VORWORT

DER MENSCH

Empfindest du dich oder andere als schwer einschätzbar, kompliziert, unbeugsam, fremdgesteuert oder ganz besonders, bewunderst sie und möchtest ihnen entsprechen, sind das **deine eigenen** Gedanken, die dich das denken lassen. Gibt es Situationen, in denen du dich ekelst, dich traurig, alleine, wütend oder frustriert fühlst, schenkst du deinen eigenen Emotionen die Macht über **dich**. Lenkst du deine Energie darauf etwas zu finden, zu erreichen, erfolgreich, glücklich und zufrieden zu werden, möchtest eine Persönlichkeit sein, dann suchst du dich und deine Erfüllung in deiner eigenen Außenwelt und dein Verstand lässt dich bald meinen, dass du Urlaub benötigst, um dich von deinem Leben und der Suche nach deiner Zufriedenheit zu erholen. Du glaubst, dass du die Ruhe zu dir in deiner Urlaubszeit findest, doch deine Gedanken drehen sich darum, was in deiner Zukunft für Aufgaben anfallen werden, oder darum, was in deiner Vergangenheit alles vorgefallen ist. Meinst du dich dann rechtfertigen zu müssen, weil dich keiner versteht, bist du es selbst der das glaubt und du erkennst weder, dass dein Leben **nur jetzt**, noch, dass all diese Bewertungen deiner unbewussten Gedanken und Gefühle **nur in dir** stattfinden. Und unter dieser Decke deiner Gedanken- und

Gefühlswelt verstecken sich all deine Träume, Wünsche und Talente, deine eigene Lebensführung und dein wahrer Frieden.

Alles ist die Summe aus Nichts.

Du bist ein Teil der Natur und ein Lebewesen auf dem Planeten Erde, der Prozess der Evolution hat dich dazu gemacht, was du heute bist – ein Mensch. Du existierst und **bist**, du verkörperst das pure Sein und alles, was du dir wünschst und wovon du träumst ist **bereits in dir** vorhanden. Du selbst bist es der durch seine Gedanken und Gefühle seine eigene Außenwelt wahrnimmt und erschafft. Deine Ruhe, Träume, Gaben, Zufriedenheit, Freiheit, finanzielle Unabhängigkeit, Furchtlosigkeit, Lebensfreude und der Lebensfluss, all das ist bereits in dir vorhanden, **du bist gerade jetzt** im Zustand des Seins und kannst durch dich deine Welt erschaffen, wie du sie dir wünschst. Alle Ideen, alle Innovationen, alle Entwicklungen, die der Mensch je in seiner Außenwelt erschaffen hat, kamen durch ihn. Erkenne, dass du es bist, der dir dein Leben schwer oder leicht macht, du selbst lässt zu, dass deine eigenen **unbewussten** Gedanken und Gefühle über dich herrschen, und dir im Weg stehen, deine Träume, Wünsche und die Ruhe zu dir selbst zu leben. Je nach eigener Auffassung deiner Gedanken und Gefühle, nimmst du deine Außenwelt wahr und gestaltest sie entsprechend. Auf diese Weise erkennst du nicht, dass du weder deine Gedanken, noch deine Gefühle bist, sondern du identifizierst dich unbewusst mit beiden. Du glaubst, dass was du denkst und fühlst bist du und öffnest dich dadurch nicht automatisch für die Veränderung und die Chancen, die vor dir liegen, oder für die Ansichtsweisen und Meinungen anderer Menschen. Du hältst weiter fest an diesen Gedanken und Gefühlen in dir und meinst, dies sei dann das einzig Richtige, du sabotierst Aussagen anderer, sabotierst dein eigenes Vorhaben und bestehst stur auf das, was du glaubst zu denken und zu sein.

Warum lässt du dich von deinen eigenen Gedanken und Gefühle beherrschen und sie deinen inneren Frieden stören?

Die Unbewusstheit über deine eigenen Gedanken und Gefühle schafft Unzufriedenheit, denn du erkennst weder deinen eigenen Kern in dir an, deine Natürlichkeit – den Zustand des Seins, noch öffnest du dich dafür. Du lässt all deine unbewussten Gedanken und Gefühle über dich herrschen, folgst nicht deiner natürlichen Lebensführung, sondern blockierst dich durch folgende Fragen:

- Warum dauert das so lange?
- Was ist der Sinn des Lebens und warum bin ich überhaupt hier?
- Wie finde ich meine Bestimmung?
- Warum ziehe ich immer wieder dieselben Partner an?
- Wie entfliehe ich meinen Gedanken?
- Was ist der nächste Schritt? Wie geht es weiter?
- Was passiert, wenn ich loslasse?
- Sind andere besser als ich?
- Wie lerne ich loszulassen?
- Warum schon wieder ich?
- Ich bin so unzufrieden, wie kann ich das ändern?
- Wie werde ich glücklich?
- Wann finde ich Zeit für mich selbst?
- Ich fühle mich alleine, wie finde ich einen Partner?
- Ich möchte finanziell frei werden, wie funktioniert das?
- Wie finde ich in innere Ruhe?
- Es muss doch möglich sein schnelles Geld zu verdienen?
- Wie kann ich ohne Geld meine Träume leben?
- Ich will frei sein. Wie komme ich dahin?

- Kann ich nicht endlich mal zufrieden sein?
- ...

Du lenkst unbewusst all deine Energie in deine Gedanken und erkennst weder diese noch erkennst du deine Anspannung oder Trägheit im Körper und die dadurch verursachten körperlichen Beschwerden. Diese Unbewusstheit deiner Gedanken bringt dich dazu, dich nach Liebe, Bestätigung, Anerkennung oder Macht zu sehnen, zu suchen, zu bewerten und zu verurteilen, anstatt jetzt in diesem Moment in deiner eigenen Zufriedenheit zu leben, intuitiv aus dir heraus zu handeln, die Schönheit des Lebens zu entdecken und in Zufriedenheit zu sein. Du versuchst in deiner Außenwelt den Frieden zu finden, dabei kann sich dieser nur an einem Ort finden lassen: **In dir**. Und auch **nur dort. Von diesem Punkt aus** kannst du alles andere für dich in deiner Außenwelt erkennen und erschaffen - von innen nach außen - wenn du deinem ganz eigenen natürlichen Lebensrhythmus des Seins folgst. Nimmst du das an, was dich begeistert und dir Freude bringt, deine kreativen Ideen und Vorhaben, die Chancen, die dir in deinem Leben geboten werden, das was leicht und einfach geht, dann lebst du und das schafft innere Zufriedenheit und Freiheit in dir und durch dich selbst.

Wenn du das nach außen strahlst, dich so verhältst,
wie du denkst und dich selbst fühlst: Was kann
wichtiger sein als deine eigene innere Zufriedenheit?

Lieber Leser,

wenn du dich in den vorherigen Aspekten wiedererkennst, du deinen Weg, deine Träume oder deine Bestimmung suchst, dich fragst, warum du hier bist, du dir Fragen stellst, die keiner beantworten kann, du ohne Angst und Mangelgefühl, ohne Stress, Druck und Groll, mit Leichtigkeit und Klarheit dein Leben in Zufriedenheit genießen möchtest, dann lies gerne weiter. Dieses Buch dient dir als Wegbegleiter und ist gedacht zum Immer-wieder-Reinschauen, zum Durcharbeiten, zur Selbstreflexion, zum Querlesen, als Trigger, um dich für die Unendlichkeit der ewigen Freiheit zu öffnen und dich selbst zu erkennen. Du solltest alles in diesem Buch für dich hinterfragen, anstatt es einfach als deine eigene Wahrheit anzunehmen, dieses Buch beinhaltet meine eigene Sichtweise des Lebens – so lebe ich, so sehe ich die Welt und möchte dich daran teilhaben lassen. Auch ich habe meine innere Zufriedenheit gesucht und bin den ganzen Weg alleine gegangen. Alles, was ich in dem Buch beschreibe ist aus eigener Wachsamkeit und Erkenntnis gegenüber mir selbst, dem Leben und anderen Menschen entstanden und war mit tiefem Schmerz, viel Freude, Erfahrungen und Beobachtungen – kurz mit vielen Eindrücken über den Menschen und das Leben selbst verbunden. Das Buch dient dir dann, wenn du dich dafür öffnest und durch dich eine positive Veränderung schaffen willst. Wenn du wieder träumen, innere Ruhe und Zufriedenheit erfahren und deinen ganz eigenen Weg gehen möchtest, du dazu bereit bist, dich auf etwas einzulassen, auch wenn du zu Beginn noch nicht weißt, wo du am Ende landen wirst.

Wache auf, sei grenzenlos, lebe deine Freiheit in Zufriedenheit und Fülle, träume und erschaffe, denn dein Leben findet **gerade jetzt** und **nur gerade jetzt** statt.

Und alles, was du dazu brauchst ist dich selbst.

PROLOG

Unzufriedenheit, Groll und Hass
können niemals mit seinesgleichen besiegt werden.
Energie folgt der Aufmerksamkeit. Folgt
deine Aufmerksamkeit dem Schmerz und der
Unzufriedenheit in dir, wird sich dein ganzes
Leben darauf ausrichten, dass du Schmerz und
Unzufriedenheit erfährst.
Folgt deine Aufmerksamkeit dessen, was Freude,
Leichtigkeit und Furchtlosigkeit in dir ausmacht,
wirst du erkennen, was dein eigener Weg
darstellt. Das schafft Lebensfreude, Frieden und
Vollkommenheit in dir selbst, in Verbundenheit mit
der Natur und mit jedem Menschen. Du nimmst
all deine Impulse der Intuition wahr und lebst in
grenzenloser Freiheit.
Das Universum bist du.

Bevor ich mit dem Inhalt des Buches starte werde ich ein paar Aspekte und Begriffe aufführen, die für das Verständnis des Buches wichtig sind. Nicht jede Beobachtung kann auf dich projiziert werden, auch wenn generell von „Dir" oder „vom Menschen" die Rede ist. Gemeint bist du dann, wenn du dich **getriggert fühlst** und dich dadurch automatisch in einem **unbewussten** Zustand befindest. Die aufkommenden Gedanken und Gefühle darfst du dir dann bewusst machen, beobachten, was sie in dem Moment mit dir machen, sie loslassen und inneren Frieden schließen. Denn Unbewusstheit ist oftmals das, was Unzufriedenheit in dir verursacht. Du darfst dir klar machen, dass es nicht darum geht deine eigene Außenwelt aufzugeben, sondern deine Innenwelt zu erkennen und durch Loslassen deiner Unbewusstheit positive Veränderung zu schaffen. Wiederholungen habe ich zur Einprägung des Inhalts, bewusst gewählt.

Erwähne ich die Begriffe **Schmerz und Leid** meine ich primär nicht den körperlichen Schmerz, sondern den unbewussten Schmerz der psychischen Unzufriedenheit und den Begriff **Brauchen** verwende ich generell als das Brauchen durch Konsum, des unbewussten Füllens durch die eigene Außenwelt, um dich dadurch gut zu fühlen. In den meisten Passagen nutze ich die Ausdrücke Impulse, Intuition, Herz, Lebensfluss oder Lebensführung, welche Synonyme für Universum, höhere Intelligenz, Glückseligkeit, innere Stimme, Herz, Spirit, Flow, Urvertrauen, Natürlichkeit, natürlicher Weg, natürlicher Fluss, Verbundenheit, Sein, Schöpferkraft, Gott, Liebe und Ähnliches sein können.

Die klassische **Konditionierung**, die ich erwähne, beschreibt den Vorgang, der zur eigenen Unbewusstheit führt und welche durch einen Reiz zu einer Reaktion und zu einem unkontrollierten Verhalten führen kann. Ich nenne diese Reize **Trigger**, mit denen du dir deine Unbewusstheit bewusst machen kannst. Die Ausdrücke der **Unbewusstheit** und des **Egos**, benutze ich unter dem Aspekt der unbewussten Gedanken- und Gefühlswelt sowie der dazugehörigen Verhaltensweise. Unbewusste Gedanken und Gefühle nimmst du selbst nicht wahr, erkennst sie nicht und kannst sie auch nicht kontrollieren. Um dir durch mein Buch eine Hilfsstellung zu geben möchte ich diese in dir triggern und dich durch das Buch erkennen lassen.

Mit allen Gedanken, Gefühlen und Verhaltensweisen sind die gemeint, die dir selbst und deiner Außenwelt schaden, denn allem, dem du deine **Aufmerksamkeit** schenkst, folgt auch dein **Energiefluss**. Das heißt, wenn du stetig in deiner Opferrolle, den Gedanken und Gefühlen dazu verweilst, wird auch keine Veränderung stattfinden, da du stetig in derselben Endlosschleife steckst. Richtest du immer wieder deine Aufmerksamkeit auf Gefühle und Gedanken, die dich missmutig und resigniert stimmen, wirst du auch weiterhin in diesen Gedanken und Gefühlen verweilen. Du vergeudest deine Energie in diesen Gedanken, anstatt zum Beispiel innere Ruhe anzustreben oder in die Umsetzung der Aufgabe zu gehen, die jetzt von Nöten ist. Alles und jedem, dem du deine Aufmerksamkeit schenkst, wird mit Energie aufgeladen und bleibt Bestandteil deines Lebens. Siehe dir hierzu dir erste Grafik an (Abb. 1).

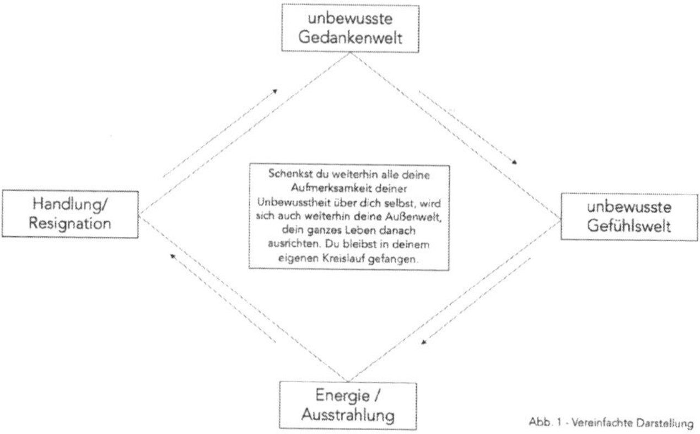

Abb. 1 - Vereinfachte Darstellung

Musst du stetig mehr haben, um ein gutes Gefühl in dir zu erzeugen, wirst du mehr Energie in die Gier stecken und die Gier wächst, ebenso wie deine Abhängigkeit von ihr, du meinst mehr tun zu müssen, um noch mehr zu haben. Schenkst du deine Aufmerksamkeit deinen unbewussten Gedanken, schenkst du ihnen auch deine Energie und kannst schnell wütend werden, wenn du dein unbewusstes Bedürfnis nach Gier nicht stillen kannst. Verurteilst du dich selbst, sprichst schlecht über dich, weil du meinst nicht genug zu tun oder zu haben, verleihst du ebenso deinen eigenen unbewussten Gedanken und Gefühlen Ausdruck. An dieser Stelle kann Zuspruch von außen helfen, damit du dich besser fühlst und deine Gedankenwelt wieder klar ordnen kannst. Deine Aufmerksamkeit kannst du dann wieder anderem zuwenden, du fühlst dich innerlich ruhiger und kannst versuchen den Kreislauf zukünftig zu durchbrechen. Siehe dir dazu die Abbildung Nr. 2 an.

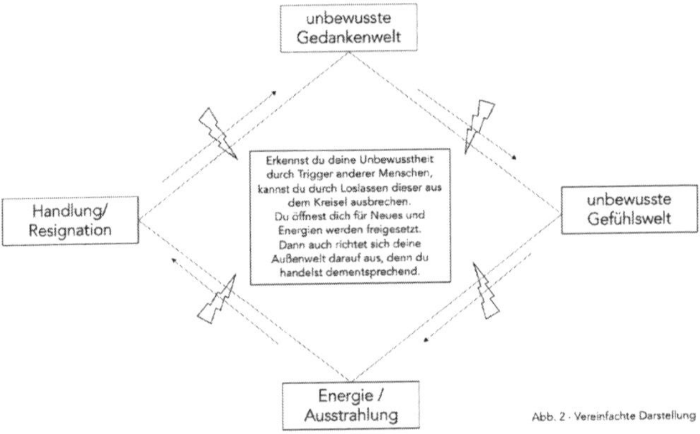

Abb. 2 · Vereinfachte Darstellung

Durch die Konditionierung der Eltern, der Gesellschaft, deiner Freunde oder auch deinem Lebenspartner denkst du, dass du so tun, so sein, dies oder jenes denken musst – das führt zu deiner Unbewusstheit oder einem überbordenden Ego. Plagst du dich mit finanziellen Sorgen, wirst du ein Gefühl von Unbehaglichkeit und Angst spüren. Dieses Mangeldenken und Mangelgefühl kannst du auch körperlich wahrnehmen. Verspürst du dagegen Frieden in dir, wirst du dein Leben lang von wahrhaft freien Gedanken in Harmonie und Leichtigkeit profitieren. Das, was du denkst, fühlst oder meinst zu sein, lässt sich an deinen Taten und deiner Ausstrahlung erkennen, denn all dem schenkst du deine eigene Energie.

Aber nun möchte ich dich in meine Welt und meine Sichtweisen über das Leben mitnehmen.

KAPITEL 1
DAS LEBEN

DAS LEBEN IN FREIHEIT

Dein Leben darf leicht, entspannt und frei sein, es darf dir Freude und Begeisterung bringen, glücklich und zufrieden stimmen, doch dafür gilt es deiner eigenen Lebensführung zu folgen, dem was einfach und leicht geht. Und geht es gerade einmal nicht leicht, gilt es wachsam zu sein, dich und deine Gedanken bewusst wahrzunehmen und dich in Geduld zu üben. Nichts wird an dir vorbeigehen, was zu dir gehört, daher sehe das Leben als Spiel und spiele im wahrsten Sinne mit. Ich erkenne die Leichtigkeit im Leben, das alles dann kommt, wann es das Universum für uns vorgesehen hat und wann wir intuitiv aus uns heraus handeln müssen. Beobachtest du ein Kleinkind beim Spielen, kannst du erkennen, dass es Freude am Leben hat und im Moment sicher zufrieden ist. Es handelt in diesem Moment intuitiv, es möchte entdecken, erfahren und testet Grenzen aus. Kinder stellen den perfekten Spiegel für dich dar, denn das Jetzt ist das Einzige, das für diesen kleinen Menschen existiert. Vielleicht hast auch du verlernt im Laufe deines Lebens zu spielen und sagst dann Sätze wie: „Das ist doch kindisch.“ oder „Kind müsste man nochmal sein”, aber das gehe jetzt nicht mehr, denn man sei ja erwachsen. Kinder leben anfangs frei von diesen Konditionierungen der Gesellschaft, sie leben und genießen den Moment, werden aber von Eltern und der Gesellschaft erzogen, lernen, dass es ein Gestern und ein Morgen gibt und Stück für Stück fallen sie ihrem unbewussten Verstand anheim – und damit den Konditionierungen. Was passiert, wenn du wieder frei von Konditionierungen bist und diesen keine Energie mehr schenkst? Du spielst und lebst den Moment. Die Loslösung deiner unbewussten Gedanken und Gefühle schafft Platz und Energie für all die kreativen Ideen, die dich durchfluten und lösen wahrhafte Veränderung in dir aus. Erkenne deine Unbewusstheit, erschaffe deine Welt im Einklang zu allem aus dir selbst heraus und unternimm, wonach dir ist. Aus meiner eigenen Erfahrung weiß ich, dass mich mein Leben automatisch lenkt und ich Chancen ergreifen kann, wann immer sie für mich bereitstehen. In diesen Momenten denke ich nicht darüber nach, ob der Weg, die Chance, oder das was ich tue richtig oder falsch ist, ich handle intuitiv. In diesen Momenten liegt für mich die pure Lebensfreude und Zufriedenheit. Erkenne ich diese Chancen, lasse ich Altes gehen und bewege mich auf Neues zu, nutze meinen Verstand ganz bewusst als Werkzeug, lerne und sammle Erfahrungen und werde mir immer wieder bewusst darüber, dass nur dieser Weg meine innere Zufriedenheit darstellt. Meinen eigenen Weg zu gehen, ihn hier und jetzt zu genießen, Abenteuer zu erleben, meine Neugier zu stillen, mich immer wieder neuen Aufgaben und Herausforderungen zu öffnen, das zu tun, was mir Spaß und Lebensfreude bringt, ist das, was mein Leben bestimmt und schafft gleichzeitig Inspiration und Frieden in meiner Außenwelt. Bin ich zufrieden, strahle ich das automatisch aus und verhalte mich dementsprechend gegenüber anderen Menschen. Wirst auch du dir bewusst darüber, was du denkst, wie du fühlst und wie du dich demnach verhältst, dann wirst du dir klar darüber, dass deine Wahrnehmung dir selbst gegenüber, die Wahrnehmung über dein Leben und andere Menschen bestimmt.

DIE SUCHE

Da du bereits von Kindesbeinen an konditioniert wirst, meinst du, du seist nicht vollkommen und könntest all deine Chancen und Träume nicht leben, du nimmst die Vollkommenheit und Verbundenheit – das Urvertrauen zum Sein – nicht mehr wahr. Das liegt an deiner unbewussten Gedanken- und Gefühlswelt, die darauf konditioniert ist, auf der Suche zu sein und so suchst du unbewusst durch Konsum, in Büchern, in Filmen, in deiner Außenwelt, im Umgang mit anderen Menschen, in Dingen, in der Vergangenheit oder Zukunft und in den Sozialen Medien deine Zufriedenheit, willst erreichen oder finden. Lenkst du deine Aufmerksamkeit auf den Konsum, dann schenkst du damit deinen unbewussten Gedanken deine Energie, um dich dadurch gut zu fühlen, oder jemand sein zu können. Vor allem aber möchtest du ein Gefühl verspüren, von dem du durch deine Unbewusstheit glaubst, es nicht in dir zu tragen – das Gefühl geliebt zu werden. Du lenkst dann deine Aufmerksamkeit darauf einen anderen Menschen zu suchen, der dir das scheinbar fehlende Gefühl geben soll gut und vollständig zu sein oder geliebt zu werden. Bekommst du dieses Gefühl nicht, fühlst du dich leer. Du nimmst jedoch nicht wahr, dass niemand im Kern seines Wesens leer oder alleine ist und alle miteinander verbunden sind – du glaubst das nur und siehst dementsprechend alles getrennt voneinander. Insofern gehst du auf die Suche und brauchst wieder dieselben Situationen und dieselben Menschen, um eine Befriedigung, Ruhe oder Zufriedenheit zu spüren. Suchst du Bestätigung und Anerkennung darin, besser oder schlechter als andere zu sein, weil du aus diesem oder jenem Land kommst, mehr oder weniger Geld verdienst, anders zu sein scheinst, deine Haut hell oder dunkel ist, du Unternehmer oder Angestellter bist, ist es die Unbewusstheit deiner eigenen Gedanken- und Gefühlswelt die dich das annehmen lässt. Du machst dich klein oder lebst in Hochmut, weit entfernt von deiner eigenen inneren Zufriedenheit.

Bist du wie ich in einer Familie aufgewachsen, die ein Unternehmen im Besitz hat und in der alle Familienmitglieder arbeiten, ist es höchstwahrscheinlich, dass du dich damit identifizierst und auch dort arbeiten und sein willst, obwohl du womöglich tief in dir eine leise Stimme hörst, die dir aufzeigt einen anderen Weg einzuschlagen. Da jeder in deiner Familie dasselbe macht, bist du der Meinung du müsstest das ebenso tun und du wirst dich automatisch diesen anschließen, da du dich dazugehörig und anerkannt fühlen willst und primär nichts anderes kennst. Deine Energie folgt deiner Aufmerksamkeit, wenn du dich stetig darauf konzentrierst, weiterhin in diesem Unternehmen zu sein, dein Bestes zu tun, dich selbst darin zu suchen, um dich dazugehörig zu fühlen und anerkannt zu werden, anstatt deinem tiefsten Selbst zu folgen, wirst du weiterhin in deiner Außenwelt durch Druck und Stress nach Anerkennung, Dazugehörigkeit und deiner Zufriedenheit suchen. Du schenkst demselben Thema deiner unbewussten Gedanken- und Gefühlswelt wieder und wieder deine Aufmerksamkeit und dadurch deine Energie, anstatt ehrlich zu dir selbst zu sein, alles loszulassen und deinen eigenen Weg einzuschlagen. Schenkst du deinen Identifikationen keine Energie mehr, brauchst du all diese Bestätigungen durch das Suchen in deiner Außenwelt nicht mehr und lebst gelassener und zufriedener, ohne Druck und Vergleiche.

Werde dir klar darüber, dass es nur einen Ort gibt, an dem du dauerhaft Freiheit und Frieden finden kannst – **in dir selbst**. Du wirst weder durch das Suchen in deiner Außenwelt deinen Frieden und deine Freiheit finden, noch in Zielen, anderen Menschen, Geld, Reichtümern und Besitz, aber du kannst durch dich deine Außenwelt in Frieden, Freiheit und Fülle erschaffen. Bist du wieder mal auf der Suche in deinen Gedanken der Vergangenheit, Zukunft oder deiner Außenwelt, erkenne deine eigene Unbewusstheit darin und, dass bereits alles in dir vorhanden ist - Freiheit ist **in dir**, weit entfernt vom Suchen.

ARBEITEN UND ERSCHAFFEN

Die Auffassung des Begriffs Arbeiten, ist womöglich auch bei dir mit Druck, Last und Stress verbunden. Du denkst, es schlichtweg tun zu müssen. Gehst du arbeiten, empfindest du es als Zwang, anstatt als Spaß am Tun. Das heißt, du bist darauf konditioniert worden, arbeiten zu gehen, um Geld zu verdienen, darauf, dass du deine Wünsche, Träume oder den Spaß an deiner Arbeit vergisst. Erschaffst du aber etwas aus eigener Kraft heraus und führst die Arbeit aus, die dich begeistert, bringt dir das Zufriedenheit. Du integrierst deine Arbeit oder dein Schaffen aus dir selbst heraus in dein Leben. Dein Tun geht dann in Spaß und Freude über mit Hingabe an den Moment, da du aus innerer Erfüllung und einem Sinn heraus erschaffst und deine Arbeit gerne verrichtest. Identifizierst du dich nicht mehr mit dem Geldverdienen, sondern siehst du Geld für dich als ein Mittel zum Zweck an, dann wirst du feststellen, dass es ganz natürlich kommt, wenn du mit Leichtigkeit das tust, was du gerne machst. Ganz gleich, ob du Angestellter, selbstständig, Unternehmer oder Rentner bist, Geld ist dann ein Teil des Lebens und nicht dein Lebensmittelpunkt. Tust du das, was dir von innen heraus Freude bringt und erkennst den Sinn deines Schaffens, wird dir auch klar, warum du hier bist, welchen Sinn du mit deinem Leben verfolgst und du siehst dein Leben genauso wie deine Arbeit nicht mehr als schwer und anstrengend, sondern als Geschenk an. Du folgst deiner eigenen Lebensführung und dem, was dich begeistert und interessiert und nicht, weil es andere von dir erwarten.

Ich arbeitete als Outdoor Guide auf dem Wasser und im Hochseilgarten, war als Iglu Guide auf 2.000 Höhenmetern im Schnee und als Surflehrerin auf Fuerteventura tätig, ebenso organisierte ich als Projektleiterin große Events. Ich lebte meine Träume, tat das, was mich begeisterte und mir Freude brachte, doch sah nicht die Abhängigkeit von meiner Außenwelt in all diesen Tätigkeiten, sondern tat das, was mich innerlich erfüllte, ich erschuf meine Außenwelt durch meine Innenwelt – das Geld kam dann automatisch.

Mache auch du, wonach dir der Sinn steht, wähle eine Arbeit, die dich erfüllt, folge deiner natürlichen Lebensführung, wie auch immer dein Weg aussehen mag und schaffe dir dadurch deine innere Zufriedenheit, Freiheit und Grenzenlosigkeit. Lenke deine Aufmerksamkeit in die Ruhe zu dir, um aus deinem Innern heraus das zu tun, was dir Freude bereitet. Ganz gleich, was dich begeistert und dich aus dir heraus erfüllt, trete den Weg zu dir selbst an, das lässt dich erkennen und klarsehen, was deine wahre Aufgabe in diesem Moment darstellt. Erst dann tust du intuitiv das, was nötig ist, um dein Leben für die Zukunft zu gestalten. Jeden Moment kannst du neu für dich und tief aus dir selbst heraus erkennen, wie dein Weg aussehen soll. Und mache dir stets bewusst: Tust du jeden Tag das, was andere sagen und immer dasselbe, wirst du das morgen auch noch so tun, denn du lenkst deine Aufmerksamkeit auf deine unbewussten Gedanken. Schenke diesen Gedanken nicht mehr deine Aufmerksamkeit und du wirst durch deinen eigenen Verstand und deine Konditionierungen nicht mehr limitiert. Dann passt sich auch deine Außenwelt der Friedlichkeit in deinem Innern an, dein ganzes Leben richtet sich nach deiner Innenwelt aus und du wirst dir bewusst darüber, dass du es selbst bist, der seine Arbeit aus Begeisterung heraus wählen kann.

BESCHÄFTIGUNG

Suchst du dagegen eine banale Beschäftigung, nur um beschäftigt zu sein, anstatt effektiv und effizient das zu tun, was dich begeistert und dir Freude bringt, verpasst du es deine Energien sorgsam und bewusst für deine innere Ruhe aufzuwenden oder auf die Aufgabe zu lenken, die jetzt von Nöten ist. Beschäftigst du dich mit ineffektiven und ineffizienten Angelegenheiten, nur um beschäftigt zu sein, lenkst dich damit von den eigenen Herausforderungen in dir selbst ab und suchst durch Fernsehen, das Smartphone oder andere Ablenkungen nach einem Ausweg, um dich und dein Inneres selbst zu umgehen, dich nicht wahrnehmen und nicht zur Ruhe kommen zu müssen. Dieses permanente Beschäftigtsein verursacht Stress und Druck in dir, da du dich unbewusst mit einer Informationsflut aus Nachrichten, Werbung und noch mehr Lektüre überschwemmst. Tief in dir weißt du bereits, was zu tun ist, dennoch blockiert dich dein Verstand, du behinderst dich selbst durch die Informationsflut zur Ruhe zu kommen und schiebst unerledigte Dinge länger auf.

Fühlst du dich in solch einer Situation gefangen, nimm einmal wahr, wie diese Reize der Informationsflut ständige Reaktionen in dir schaffen und du durch diese Reaktionen unbewusst Energien freisetzt, die dich nicht zur Ruhe kommen lassen, sondern dich in der dauerhaften körperlichen und mentalen Anspannung halten. Mache dir einmal den Unterschied zwischen folgenden Situationen klar und stelle dir dabei die Frage, was dich eher zur Ruhe bringt: Entweder eine Woche dein Handy dauerhaft mit dir zu führen, jeden Anruf anzunehmen, jede Nachricht zu beantworten und jeden Tag Fernsehen zu schauen, oder eine Woche dein Handy und den Fernseher auszuschalten, keine Nachrichten zu beantworten oder Anrufe entgegenzunehmen. Werde dir klar darüber, dass jeden Tag sämtliche Informationen, bewusst oder unbewusst, auf dich einwirken und entscheide du bewusst darüber, **was** und **wie viel** du konsumierst, welche Informationen du benötigst und **wohin** du deine Aufmerksamkeit lenkst, um deine Energie effektiv und effizient für dich einzusetzen.

NEUE WELT

Du willst frei, grenzenlos und glücklich sein, aber bist es nicht.
Du willst Klarheit im Leben, doch hast es nicht.
Denn du weißt weder, wie es funktioniert, noch glaubst du daran und öffnest dich dafür, dass es das tut.

Herrscht in deiner Außenwelt kein Frieden, entspricht deine Außenwelt nicht der Welt, die du dir vorstellst, dann bist du nicht im Einklang und in Ruhe mit dir selbst. Alles, was du denkst und fühlst, alles, was dich keine friedvollen Gedanken denken oder Freude ausstrahlen lässt, ist mit Unfrieden **in dir** verbunden. Deine Außenwelt ist ein Spiegel deiner eigenen Innenwelt, sie ist so, wie du selbst denkst, fühlst, sie dadurch wahrnimmst und dich dementsprechend verhältst – bewusst oder unbewusst. Wünschst du dir ein abenteuerliches Leben, sitzt aber immer noch zu Hause und grübelst vor dich hin, wie du es machst, woher du das Geld nimmst, oder inwieweit dich andere von deinem Vorhaben abbringen, blockiert dich dein Verstand und du schenkst all diesen Gedanken deine Aufmerksamkeit, anstatt die Umsetzung anzugehen und dich auf die Lösung und den Weg zu konzentrieren. Deine Außenwelt entspricht noch nicht deiner Wunschvorstellung und dein Verstand setzt alles daran, um dich von der Umsetzung abzuhalten.

Wünschst du dir beispielsweise eine friedliche Welt und ein herzliches Miteinander unter allen Menschen, regst dich aber ständig nur über alle anderen Menschen auf - und bedenke: das passiert **nur in dir** – dann wirst du ganz von alleine unhöfliche Menschen in dein Leben ziehen, da du die Welt genauso wahrnimmst, so denkst und dich so verhältst. Du lässt dann, durch die Bewertung anderer, deine eigenen Gedanken und Gefühle über dich und deinen Frieden **in dir** herrschen. Wünschst du dir allerdings eine friedliche Welt im Miteinander und du denkst auch so und bist freundlich zu anderen Menschen, dann ist deine Wahrnehmung eine ganz andere. Werde dir klar darüber, ob du deine Außenwelt von anderen Menschen und deren Missmut abhängig machst, oder du dich dafür entscheidest von dir aus eine freundliche und friedliche Welt zu erschaffen. Es liegt an dir und nicht an anderen Menschen.

Die Natur und die Tierwelt ändern sich stetig, alles entwickelt sich weiter, passt sich an und da du dich aus der Natur heraus entwickelt hast, bist du ein Teil dieser. Mache dir an dieser Stelle einmal ganz bewusst: Möchtest du alles festhalten und unter Kontrolle wissen, dann unterbrichst du deinen eigenen natürlichen Entwicklungsprozess und sträubst dich gegen diesen. Alles ist vergänglich, stetig im Wandel, kein Tag ist wie der andere und keiner kann direkt voraussehen, was morgen sein wird. Bist du der Ansicht, dass du alles festhalten und kontrollieren kannst und kämpfst gegen dich selbst und gegen deine innere Lebensführung an, wird sich das bald in deinen körperlichen Beschwerden, Unzufriedenheit oder äußerlich durch ungemütliche Situationen bemerkbar machen. Lenkst du deine Energie darauf Umstände in der Außenwelt verändern zu wollen, um Erwartungen oder Sehnsüchte in deinem Innern zu erfüllen, ohne dich dabei selbst zu verändern, führt das zu Schmerz und Leid und du folgst erneut nur deinen Konditionierungen. Möchtest du Frieden in dir selbst und deiner Außenwelt erlangen, sei ehrlich zu dir selbst, denn Frieden kannst du nur in dir selbst erkennen, nicht in der Außenwelt oder in einem anderen Menschen, noch kannst du erwarten, ihn zu erlangen, indem du etwas erreichst oder suchst. Erkenne deine eigene Freiheit, Harmonie und Glückseligkeit in dir an, nehme dich selbst wahr, höre dich selbst reden und wie du dich gegenüber anderen Menschen verhältst und lasse los was über dich herrscht – deine unbewussten Gedanken und Gefühle. Werde dir klar über deine Unbewusstheit und darüber, welche Kraft wirklich in dir schläft. Denn erst dieser essenzielle Frieden in dir schafft den Frieden in deiner Außenwelt.

WAHRHAFTE VERÄNDERUNG

Die einzige Konstante in deinem Leben ist die Veränderung.

Kämpfst du gegen diesen Prozess des Lebens an, kämpfst du gegen die eigene Entwicklung und die Veränderung **in dir** an, denn du führst einen stetigen Kampf gegen dein eigenes Sein. Verwendest du deine Energie stattdessen dafür deine eigene Meinung zu verteidigen, hältst daran fest, identifizierst dich damit und öffnest dich nicht für die Meinung anderer, doch einmal etwas anders zu versuchen, dann erkennst du dich und deine Gedanken nicht und beharrst auf deinem Standpunkt. Nimm dir einen Augenblick und denke über folgende Frage nach: Wie kann ich wahrhafte Veränderung für mich selbst in Zufriedenheit und Freiheit schaffen? Die Antwort darauf lautet meist: Indem du dir deiner eigenen Gedanken und Gefühle bewusstwirst, sie loslässt und das tust was dich begeistert, deine eigene innere Zufriedenheit erschaffst und lebst – losgelöst von allen Identifikationen in dir und unabhängig von deiner eigenen Außenwelt. Trete den Weg zu dir selbst an und werde dir deiner eigenen Gedanken sowie deiner

Gefühle bewusst, die dich stets fest im Griff haben. Selbstreflexion ist hierbei das beste Werkzeug, um dir deine eigene Unbewusstheit vor Augen zu führen. Kommen diese Gedanken und Gefühle der Unzufriedenheit, des Grolls oder der Wut in dir auf, nehme sie zu dem jeweiligen Moment wahr, erkenne sie und lasse sie los, nur so kann wahrhafte Veränderung durch dich und für dich und andere geschaffen werden. Verlangst du nach einer Welt in Frieden, Liebe und Klarheit, beklagst dich aber über andere und verlangst, dass diese Veränderung schaffen sollen, bleibt alles wie es ist und es verändert sich nichts, du bleibst in deiner Unbewusstheit, denn all diese Klagen, all diese Gedanken und all diese Gefühle finden **nur in dir** statt. Reflektiere dich in all dem selbst und mache dir bewusst, dass Veränderung in jedem einzelnen Menschen und damit auch in dir selbst beginnt.

Nimmst du an, dass andere Veränderung schaffen sollen, wird niemals Veränderung stattfinden.

Blockierst du dein Potenzial unbewusst in dir, da du deine eigene Natur nicht wahrnimmst, annimmst, vieles gehe nicht, sei nicht machbar, funktioniere nicht, limitierst du dich damit selbst und schaffst einen Energiestau, eine Blockade, in dir. Du kennst dadurch nur die Welt, in der du zu leben scheinst, dabei bist du grenzenlos im Jetzt und kannst jeden Moment für dich neu entscheiden, wohin du deine eigene Energie lenken möchtest. Dein Verstand gibt dir vor, was der Weg zu sein scheint, gleichzeitig zeigt dir die leise Stimme in dir einen anderen Weg auf, dem es zu folgen gilt. Nimm solche Momente wachsam wahr und folge deinem Herzen. Hätte ich mir dauerhaft Gedanken darüber gemacht und andere Menschen darüber entscheiden lassen, ob ich nach dem Abitur nach Kenia gehen oder ob ich von zu Hause in die Berge ziehen soll, ob ich ein Leben als Surferin auf Fuerteventura führen oder ein

Studium in Florida absolvieren soll, mein Verstand hätte mich kleingehalten und ich wäre niemals diese Wege gegangen. Es liegt daran, wie du die Welt siehst und daraus ergibt sich, wie du handelst. Bist du der Ansicht all die Chancen in deinem Leben wahrzunehmen sei schwer oder ganz unmöglich, liegt es an deiner Sichtweise und deiner Wahrnehmung. Schenkst du deinen Gedanken die Aufmerksamkeit, dass dein Vorhaben nicht funktioniere oder schwer gehe, scheitert es schon bevor du den Weg überhaupt angetreten hast. Erkennst du, dass sich eine Chance in deinem Leben bietet, ergreife sie, ohne darüber nachzudenken, ob dies richtig oder falsch ist. Es muss aus dir selbst heraus passieren, es muss leicht und einfach, eine Veränderung in deinem Leben sein, darf weder dir noch anderen Lebewesen schaden, dann ist es dein Weg. Gebrauche deinen Verstand als Werkzeug für den Weg deiner Träume, um diese zu organisieren und zu leben. Sei dir klar darüber, dass das einzig stetige in deinem Leben die Veränderung und die Vergänglichkeit ist - der natürliche Prozess des Lebens.

SEIN, TUN, HABEN

Die Gesellschaft konditioniert dich darauf zu glauben, viel tun zu müssen, um viel zu haben um dann jemand zu sein. Das ist der Grund der früher oder später Unzufriedenheit, Druck und Stress in dir verursacht, da du nicht deiner eigenen Lebensführung folgst, sondern unbewusst dem, was andere für richtig halten. Die Folge daraus ist die Identifikation mit der eigenen Außenwelt, du lenkst deine Aufmerksamkeit auf das Habenwollen, das Begehren, das Brauchen von Konsumgütern, was ein unbewusstes Füllen durch die eigene Außenwelt darstellt, um dich in dir gut zu fühlen. Bist du unbewusst in dieser Sache, kommst du auf diese Weise nie zur Ruhe, um dich selbst wahrzunehmen, da du vermeintlich ständig etwas tun oder konsumieren musst, um den gesellschaftlichen

Zwängen zu genügen und um dann jemand sein zu können. Mache dir an dieser Stelle bewusst: Bekommst du all das nicht mehr, schafft diese Abhängigkeit Unzufriedenheit in dir, du wirst wütend oder frustriert, da du das Gefühl nicht spürst, das dir deine Außenwelt geben soll. Erkennst du deine Gedanken und Gefühle in dieser Abhängigkeit kannst du dich von jetzigen Identifikationen und Konsum lösen.

Dem eigenen Impuls zu folgen, in die Berge zu ziehen, das Familienunternehmen loszulassen und einen neuen Weg in meinem Leben einzuschlagen, fernab meiner Familie und auf mich alleine gestellt, bereitete mir Angst und Freude zugleich. Doch endlich konnte ich in der Natur auf dem Wasser als Rafting Guide tätig sein und im Hochseilgarten das tun, was ich mir ersehnt hatte und nicht was andere Menschen von mir erwarteten. Automatisch genoss ich, bei dem was mir Spaß machte, eine phänomenale Außenwelt und verdiente damit mein Geld. Zu der Zeit, als ich als Iglu Guide auf 2.000 Metern in den schneebedeckten Bergen arbeitete, und die Verantwortung für Menschen trug, die eine Nacht in einem Iglu verbrachten, wurde ich von Menschen bewundert, die mir die Frage stellten, wie ich es geschafft hätte solch einen Schritt zu wagen. Ich verstand damals noch nicht warum sie mir die Frage stellten und wie ich es geschafft hatte, heute weiß ich, dass es ihre eigene Unbewusstheit darüber war, dasselbe tun zu können. Meiner eigenen Ruhe und damit meiner Lebensführung die Aufmerksamkeit zu schenken, dem was meinem eigenen Leben einen Sinn gibt, fernab und frei von Konsum, nur das erfüllt mich in Gänze. Entscheide auch du über dein Leben und lasse zu, dass sich das jeden Moment ändern kann. Lenkst du deine Aufmerksamkeit darauf zu konsumieren, etwas oder jemanden in deiner Außenwelt zu brauchen, um dich gut zu fühlen, dann stelle dir bewusst die Frage, ob du allem gesellschaftlichem und dem, was andere Menschen sagen entsprechen musst und all die Identifikationen und den Konsum benötigst, um dich selbst zu stoppen und damit dein ganzes Potenzial zu vergeuden. Bist du in jedem Moment deines Lebens wachsam gegenüber dir selbst, deinen Gedanken und deinem Umfeld, erkennst du, dass du es selbst bist, der über sein eigenes Leben bestimmt. Konzentrierst du dich ganz bewusst auf deine innere Ruhe, schaltest deine Gedanken aus und öffnest dich für eine neue Welt jenseits deiner Gedanken und Gefühle, kannst du erkennen, **was** du und **wie** du über dich selbst und andere denkst. Verweile in diesem Zustand, nehme dich bewusst wahr und erkenne, was intuitiv zu tun ist. Nimmst du diese Lebensführung an, wahrst deine Balance, bleibst wachsam bei dir und deiner Außenwelt, dann bist du erfüllt und in deiner vollen Kraft, sodass du deine Energie bedingungslos weitergeben kannst. Setzt du deine Träume dann aus eigenem Antrieb in die Realität um, erschaffst du auch für andere einen Mehrwert und bist erfüllt – du lebst von innen nach außen. Verschaffe dir Klarheit darüber, dass auch du einen Traum, eine Gabe, ein Talent, einen Wunsch in dir trägst und ganz gleich, wo du gerade in deinem Leben stehst, lasse los, was dich festhält und folge diesem Ruf, nur das wird dich erfüllen. Das kann ein Talent sein, wie Kochen oder die Kunst zu führen, ein Wunsch, wie Reisen oder Entdecken sein. Was auch deine Lebensführung darstellt, es kommt aus dir selbst heraus und ist nicht abhängig von etwas oder jemandem in deiner Außenwelt. Erkenne, was deine Erfüllung darstellt und dich wird nichts stören, nichts entmutigen, nichts aufhalten. Vergleiche dich nicht mehr, schaue weder links noch rechts, sondern handle im Jetzt und aus dir selbst heraus. Gib dich der höheren Führung hin, folge dieser, ohne dir oder anderen Menschen zu schaden. Mache dir keine Gedanken darüber, was andere über dich denken, du weißt tief in dir, dass es dein eigener Weg ist. Und das macht deine eigene Wahrnehmung im Augenblick selbst auch so entscheidend, um dich denken zu hören und deine eigenen Gefühle zu erkennen. Erkennst du dich in all dem und bist im Jetzt angekommen, wirst du durch dein Tun und Schaffen auch automatisch haben.

HÖHERE FÜHRUNG UND DER VERSTAND

Nur dein Verstand schafft es, eine einfache Sache komplex zu sehen.

Dein Leben wird vom Universum - einer höheren Führung – bestimmt und du limitierst dich durch **deinen Verstand** und nutzt diese wunderbare Führung nicht **für** dich. All die Träume und Talente, die dein Leben zu bieten hat, werden von dir weder gehört noch gelebt und du folgst lieber dem, wie es vermeintlich schon immer war, dabei wird deine Energie in dir angestaut. Energien aber, die nicht frei fließen dürfen, bedingen deine eigene Limitierung und schüren automatisch die Unzufriedenheit in dir, da du nicht deiner Lebensführung und damit der Veränderung folgst. Dies spiegelt sich nicht nur in dir und deiner Außenwelt, sondern auch in der allgemeinen Unzufriedenheit der Gesellschaft wider, denn das, wie du in dir denkst und fühlst, gibst du automatisch an deine Außenwelt weiter. Mache dir bewusst: Wachst du nicht aus deiner Unbewusstheit auf, wird auch das Kollektiv weiterhin in dieser Resignation verweilen. Die Tatsache, dass du auf deine Intuition, die Lebensführung, das Sein, die höhere Intelligenz oder deine Impulse hören kannst, ist ein Geschenk des Lebens. Es kann so einfach sein, aber dein Verstand glaubt alles kompliziert machen zu müssen, all deine Impulse oder dein Herz nicht mehr zu hören, da du nur noch die Verwirrung im Verstand wahrnimmst – all die Informationen und Meinungen anderer, die ständig auf dich einprasseln. Fühlst du dich durch die Außenwelt aufgewühlt und schenkst nur noch deinen Gedanken die Aufmerksamkeit und somit deine Energie, kommst du nicht zu Ruhe. Glaubst du, dass etwas nicht funktioniere und du deinen Träumen zum Beispiel Reisen zu gehen, oder ein Talent zu leben, nicht folgen kannst, boykottiert dein Verstand all deine Vorhaben, du versuchst zu verstehen und alles durch Grübeln zu erörtern, ob das jetzt die richtige oder falsche Entscheidung ist und schenkst deinen Gedanken deine ganze Aufmerksamkeit. Schlussendlich trittst du den Weg nicht an, weil dein Verstand dir einredet es nicht zu tun, weil vieles nicht funktioniere oder unmöglich scheint. Dein Verstand malt sich ständig etwas aus, um diesem Ruf nicht zu folgen, die Angst etwas zu verlieren, loszulassen oder zu versagen ist größer, als der Wunsch nach innerer Zufriedenheit und Freiheit, die du dadurch entdecken könntest. Erkennst du tief in dir all diese Träume und weißt, dass sie in dir verborgen sind, weißt du auch, dass sie dich niemals in Ruhe lassen werden. Das ist auch der Grund, warum du nicht hinhörst – die Angst etwas zu verlieren, eine Identifikation loszulassen, ist größer, als der Einfachheit des Lebens und dieser Unbekannten zu folgen. Verschaffe dir Klarheit über folgende Frage: Was möchte ich wahrhaftig von meinem Leben, was macht mich glücklich und worin liegt meine Lebensfreude?

Impulse entstehen in den Momenten, in denen du weder denkst noch fühlst.

Einer meiner Gesprächsteilnehmer stellte mir die Frage, ob er auf den Impuls hören sollte etwas Bestimmtes zu essen, obwohl er wüsste, dass es ihm dadurch schlecht gehe. Er forderte durch seine Außenwelt etwas ein, was ihm nicht guttat – ein unbewusstes brauchen, um sich gut zu fühlen, was einem unbewussten Gedanken entspricht und keinem Impuls. Ein Impuls schadet weder dir selbst, noch einem anderen und entsteht in den Momenten, in denen du weder denkst noch fühlst. Bist du dir eines Impulses bewusst, handelst du intuitiv aus dir selbst heraus – dann stellst du dir auch keine Fragen mehr. Du weißt, dass alles, was du aus dir heraus erschaffst, deinem Körper und Geist als Wohltat dient. Ein Impuls kann ein einfacher Gedanke sein, der plötzlich da ist, eine Idee aus dem Nichts. Damit ist nicht der unbewusste Gedanke gemeint etwas in deiner Außenwelt durch Konsum zu brauchen, sondern aus dir heraus einen Impuls zu leben, verrückte Dinge zu unternehmen, ein spannendes Abenteuer zu erleben, oder ein Talent umsetzen zu wollen und ausnahmslos von innen nach außen zu leben. Ein Impuls ist natürlich, du nimmst ihn in dir selbst wahr und er dient dir nicht zur Selbstzerstörung, sondern zur Erfüllung und zur Sammlung von Erfahrungen in deinem Leben, insoweit wirst du erst deine Impulse hören, wenn konditionierte Gedanken sich nicht einschalten und diesen Impuls versuchen zu manipulieren. Nehme wahr, dass Impulse deinen Weg lenken und du ihnen lediglich folgen darfst.

Warum lässt du deinen Verstand nicht dienen,
sondern herrschen?

Das Surferleben, was ich führte, die Insel mit ihrer Naturgewalt, den Wellen und dem Wind kennen zu lernen, war einer der besten Erfahrungen, die ich in meinem Leben machte. Meine Lebensführung zeigte mir damals den Weg und ich zog für ein knappes Jahr auf die Insel. Zu dieser Zeit war mir das ganze Vorhaben zwar bewusst, ich dachte allerdings weder groß darüber nach, noch überlegte ich ob das richtig oder falsch, gut oder schlecht war. Für die Umsetzung dieses Traumes, den Fahrtweg durch drei Länder über 2.500 km, die Überquerung des Meeres mit zwei Fähren und die Organisation des gesamten Aufenthaltes, nutzte ich meinen Verstand bewusst als Werkzeug, aber ließ ihn nicht das eigentliche Vorhaben boykottieren.

Meinst du, dass alles im Leben schwer sei, ist dies deine Sichtweise, die dich glauben lässt, dass dies so sei und auch sein müsse und du lenkst deine Aufmerksamkeit auf deine Gedanken die dir einreden, dass es kaum funktionieren werde. Erkenne, dass das Leben leicht ist und versuche es nicht mehr nur zu verstehen, lebe es und öffne dich für all die Möglichkeiten, die bereits da sind, nehme all die Türen die offen stehen und erkenne, dass du nur durch sie hindurchgehen musst. Nutze deinen Verstand als Werkzeug und lasse ihn als Diener all deine Impulse und Träume, die dir geschenkt werden, umsetzen.

Nichts, was in deinem Leben passiert, ist Zufall, sondern eine Lebensführung, die dich darauf aufmerksam macht, im jetzigen Augenblick wachsam zu sein und dich und deine Gedanken zu erkennen. Nehme Freude und Schmerz in deinem Leben an, nutze alle Situationen, die du in deinem Leben geschenkt bekommst, bewusst für dich und deine De-Konditionierung. Achte darauf, nicht zu grübeln, zu bewerten oder zu verurteilen, sondern sei ehrlich zu dir selbst, reflektiere deine eigenen Gedanken und Gefühle und nehme sie bewusst durch die gegebene Situation wahr. Lenke deine Aufmerksamkeit darauf zu erkennen, was die Gegebenheit mit dir macht, warum dieselbe Situation oder derselbe Typ Mensch in dein Leben tritt, oder was du gerade jetzt intuitiv tun solltest. Folge deiner eigenen Lebensführung, lasse deine ganze Energie frei fließen und erkenne, dass alles in deinem Leben dazugehört. Bestimme dein Leben selbst und darüber was du denkst, wie du fühlst, wie du handelst und was du ausstrahlst, wie du mit dir und deinem Körper sowie mit anderen Menschen umgehst. Nutze deinen eigenen Verstand ganz bewusst **für**, anstatt gegen dich und stelle dir die Frage: Bringe ich weiterhin meine Energie für diese Unbewusstheit in mir und gegen mich auf oder führe ich ein Leben in Fülle und in einem Miteinander und lasse meine Energie frei fließen?

DAS EWIGE JETZT

Gewiss ist, dass der einzige Zeitpunkt, über den du wahrhaftig verfügst, **jetzt** ist und in diesem Moment, indem du dieses Buch liest, dich wahrnimmst, **wo** du gerade stehst, **was** deine Gedanken jetzt machen und, **was** du fühlst, stellt dies deine **jetzige Realität** dar, denn du lenkst deine Energie darauf diese Zeilen zu lesen, darauf zu erkennen, wo du gerade liegst oder sitzt, darauf zu hören, was gerade in deiner Außenwelt geschieht und womöglich bist du ab und an durch deine eigenen Gedanken von diesem Buch abgelenkt. Ganz gleich in welcher Situation du dich befindest, es ist deine eigene Energie, die in all den Situationen von **dir selbst** bewusst oder unbewusst gesteuert wird. Lenkst du deine Aufmerksamkeit darauf, zu dir zu finden, dann erkennst du, dass alles, was in deinen Gedanken stattfindet Realitäten deines eigenen Verstandes sind, die entweder in der Vergangenheit oder in der Zukunft stattfinden – deine Energie wird für deine Gedanken verwendet. Gibst du dich deiner eigenen Realität der Vergangenheit hin, wirst du weiterhin mit deinem ganzen Körper, deinen Gedanken und Gefühlen im jetzigen Moment in der Vergangenheit leben, da du diesen deine Aufmerksamkeit und damit deine Energie schenkst. Das heißt, denkst du stetig daran, was gestern war und möchtest zum Beispiel Momente des Glückes mit einem anderen Menschen festhalten, oder du hältst fest an Schmerz, den du erlitten hast, dann wirst du weiterhin diesen Schmerz fühlen, da du stetig daran denkst, anstatt diesen Gedanken bewusst loszulassen. Schenkst du all diesen Gedanken und Gefühlen deine Energie, jagst weiter dem Moment des Glücks hinterher, der längst stattgefunden hat, dann vergisst du den jetzigen Moment, du lebst dann in deiner eigenen unbewussten Realität der Vergangenheit im Jetzt. Gibst du dich den Gedanken an deine Zukunft hin, malst du dir Situationen aus, die noch gar nicht stattgefunden haben und schürst damit unnötige Ängste, denn du lebst im jetzigen Moment in deiner Zukunft und schenkst dieser deine ganze Aufmerksamkeit, anstatt den Augenblick wahrzunehmen und diesen zu deiner Realität zu machen – fernab jeglicher Gedanken an die Vergangenheit oder an die Zukunft. Schenkst du deine Aufmerksamkeit deinen Mangelgedanken, so zum Beispiel daran am Ende des Monats genug Geld zu haben, um zu überleben, dann wirst du ständig in der Angst des Geldmangels im Jetzt leben, ebenso fühlen und handeln, du vergisst den jetzigen Moment. Schenkst du deine Aufmerksamkeit dem jetzigen Moment der Aufgabe, die von Notwendigkeit ist und die getan werden sollte, dann lässt du von deinen Mangelgedanken los und lebst jetzt, ohne Angst an die Zukunft, die noch gar nicht eingetreten ist. Lässt du los, was war oder sein wird und erkennst deine Gedanken, die weiterhin versuchen deine Aufmerksamkeit auf deine Vergangenheit oder deine Zukunft zu lenken, lebst du jetzt.

Es gibt nur einen Moment, in dem du wahrhafte Veränderung schaffen kannst und der ist jetzt.

Der **jetzige Moment** ist der **Schlüsselmoment** in deinem Leben und nur du hast die Macht über deine Gedanken: Lenke jetzt einmal bewusst deine Aufmerksamkeit auf eine Lebenssituation in deiner Vergangenheit, schenke einem Gedanken in deiner Vergangenheit deine jetzige Energie und mache dir klar, dass deine Energie dort verweilt. Auf diese Weise bleibst du in der Schleife deiner Gedanken und Gefühle der Vergangenheit und lebst in denselben Situationen im Außen, erlebst dieselben Menschen, denselben Job und dieselben Situationen Tag für Tag wieder, da du ihnen deine Aufmerksamkeit schenkst. Lenke jetzt einmal deine Aufmerksamkeit auf deine Zukunft, auf deine Gedanken und deine Sorgen darüber, wie das Leben sein wird oder zu sein hat, auch in diesem Fall wird deine

Energie deiner Aufmerksamkeit folgen und deine Gedanken mit Energie füttern. Du lebst weiterhin in deinen Ängsten und sorgenvollen Gedanken im Jetzt. Lenke nun einmal deine ganze Aufmerksamkeit auf diesen Augenblick, nehme wahr, wo du bist und was in deiner Außenwelt geschieht, lenke deine Aufmerksamkeit auf die Zeilen die jetzt in unmittelbarer Gegenwart von dir gelesen werden, und schaue, was deine Gedanken mit dir machen. Du liest im jetzigen Moment und nimmst durch die Zeilen, die du liest neues Wissen in dir auf, was sich in deiner Zukunft in deinem Leben manifestiert. Mache dir bewusst: ganz gleich, **wie** und **was** du bewusst oder unbewusst im jetzigen Moment deines Lebens denkst, fühlst und tust, es wird deine Zukunft bestimmen.

Dieses Jetzt ist ein kurzer Moment – ein Augenblick zwischen zwei Gedanken und die Ruhe dazwischen, der Frieden und der Einklang mit allem und ein Herunterfahren deines Verstandes – ein Verstummen deiner Gedanken. Das Entkommen aus all den faszinierenden Gedankenspiele, zu denen dich deine unbewussten Gedanken treiben und in diesem jetzigen Moment kannst du dich selbst hören und all deine Gedanken bewusst wahrnehmen. Erkenne zu jedem Moment, was dein Verstand mit dir macht und begreife, dass du weder dein Verstand noch deine Gefühle **bist**, sondern einen Verstand und Gefühle **hast**. Nehme dich durch all deine Sinne wahr, die dir gegeben wurden, erkenne dich und deine Gedanken und lebe jetzt, denn das ist das Einzige, was du wahrhaftig besitzt.

KAPITEL 2

AUFWACHEN

LEBENSFÜHRUNG VS. GEFÜHL

Wenn du weißt, dass du jetzt zufrieden sein kannst und daran glaubst, dass es funktioniert, haben wir eine Welt in Harmonie und Miteinander.

Nimmst du deine Gedanken und Gefühle wahr, erkennst du, dass es etwas gibt, das nicht greifbar ist, eine Welt, jenseits von Gedanken und Gefühlen: die eigene Lebensführung, das Unbekannte, innerer Frieden, die Impulse, die Glückseligkeit, der Raum, die Intuition, die leise Stimme oder das Urvertrauen. Diese Lebensführung oder diesen inneren Frieden hast du womöglich schon einmal bewusst in kurzen Momenten wahrgenommen, in diesen Momenten kannst du die Welt umarmen und bist mit dir und deinem Leben im Reinen. Du kennst diese Momente, kannst sie aber nicht direkt verstehen oder erklären. Du nimmst lediglich wahr, dass du glücklich bist, es ist vielmehr ein Sein, als ein Verstehen. Diese Glückseligkeit hat nichts mit einem konditionierten Gefühl zu tun und ist davon zu trennen, denn Glückseligkeit zeichnet sich durch den Moment und einen tiefen inneren Frieden aus. Handelst du aus dieser Glückseligkeit, aus deinem tiefen Frieden, der Leichtigkeit und Freude heraus, dann handelst du für dich und für andere, da du deine Zufriedenheit, deine Lebensfreude teilen möchtest und ausstrahlst. Handelst du nach einem unbewussten Gefühl kann das sein, dass du etwas vehement ablehnst, dem du dich jedoch in deinem Leben öffnen solltest, um dich weiterzuentwickeln. Erkennst du in solch einer Situation, dass du wütend bist oder störst dich an dieser, wurdest du durch diese Situation - etwas einmal anders zu machen – **getriggert** und du schenkst dann deine Aufmerksamkeit diesen Emotionen. Das entspricht einem unbewussten Gefühl und ist nicht gleichzustellen mit deiner Lebensführung.

Handle ich nach meinem Herzen, bin ich auf Reisen, lasse mich immer wieder neugierig auf neue Dinge und Menschen ein, tue was mich begeistert und erfüllt, ganz gleich, wie verrückt und abenteuerlich die Situation scheint, handle ich aus mir selbst heraus und öffne mich für neues jenseits meiner Gedanken. Doch auch ich hatte Situationen in meinem Leben, in denen ich vehement ablehnte und erstmal resignierte, ich schenkte meinen unbewussten Gedanken und Gefühle die Aufmerksamkeit. Gerade in Momenten, in denen andere Menschen mir ihre Meinung kundtun wollten, resignierte ich und beharrte stur auf meiner Ansichtsweise. Heute handle ich nach meiner eigenen Lebensführung, öffne mich für Neues, lenke bewusst meine Energie, schenke die Aufmerksamkeit demjenigen dem ich sie schenken möchte, oder lasse Meinungen und Aussagen anderer sein und im Raum stehen. Ich lenke bewusst meine Aufmerksamkeit in die Ruhe zu mir und lasse meine unbewussten Gedanken und Gefühle nicht mehr über meinen inneren Frieden herrschen. Erlebst du dich in einer solchen Situation, in der du resignierst, ein komisches oder wütendes Gefühl in dir aufsteigt, ein Gefühl alles alleine machen zu müssen oder du stur auf deinem Standpunkt verharrst, dann möchte dir dein Leben deine eigene Unbewusstheit darin aufzeigen. Wenn du dir deiner selbst und deiner Gedanken bewusstwirst, nutze deine Energie, um deinen inneren Frieden voranzutreiben, dich Neuem zu öffnen und handle so wie es dir deine Lebensführung vorgibt, anstatt alles vehement und aus einem unbewussten Gefühl heraus abzulehnen.

AUFWACHEN!

Wer oder was sagt denn, wann etwas falsch oder richtig ist?

Wenn du **bist** und deine eigenen Gedanken und Gefühle in jedem Moment wahrnimmst und erkennst, brauchst du dich nicht mehr rechtfertigen, bewerten oder verurteilen, du erkennst die Unbewusstheit der Gedanken- und Gefühlswelt anderer Menschen. All das erkennst du erst, wenn du durch eine schmerzhafte Erfahrung aufwachst oder durch das Leben und deine Neugier automatisch dahin geführt wirst. Bist du weiterhin in deiner Außenwelt permanent auf der Suche und öffnest dich nicht für deine eigene Innenwelt, glaubst du, dass nur deine Außenwelt das ist, was du bist und besitzt, und auf diese Weise suchst du weiter im Außen nach etwas, verurteilst andere, vergleichst dich mit ihnen, um dich erfüllt und gut zu fühlen. Du wachst meist dann von alleine aus deinem unbewussten Zustand auf, wenn ein schmerzhaftes Erlebnis dich prägt und du dich durch den Schmerz anfängst zu erkennen. Erst dann schenkst du dir selbst plötzlich die Aufmerksamkeit und nimmst die Unzufriedenheit in dir wahr – du erkennst, dass du selbst die Verantwortung für deine Lebensumstände trägst und bist nicht mehr nur mit deiner Aufmerksamkeit in deiner Außenwelt, sondern erkennst deine eigene Innenwelt an. Erst dann bemerkst du all die schönen Dinge am Wegesrand und, dass du selbst in deinem Leben entscheiden kannst, was und wie du eine Sache tust, dass alles möglich ist, wenn du deinem eigenen Lebensfluss folgst und öffnest dich der Schönheit deines Lebens und deines eigenen Paradieses vor dir.

Tatsächlich hielt auch ich alles für selbstverständlich und mir war nicht klar, dass es so viele unterschiedliche Meinungen, Ansichtsweisen, Wünsche, Träume und Menschen gibt, ich beharrte darauf, dass meine Ansichtsweisen die einzig Richtigen seien. Einer der Schlüsselmoment in meinem Leben, indem ich aufwachte, bestand darin, als ich 2007 drei Monate in Kenia verbrachte und dort ein Ereignis mein Leben für immer veränderte: Der Stich einer Anophelesmücke, der mich durch die Infektion mit Malaria Tropika fast mein Leben kostete. Ein winziges Lebewesen stellte mein gesamtes Leben durch nur einen Stich komplett auf den Kopf. Und so schlimm es klingen mag, für diesen Schmerz bin ich heute dankbar, viele Probleme, die ich mir machte, schienen auf einmal ganz verschwunden. Heute weiß ich, dass diese Probleme alle selbst erdacht waren und nur in meinem Kopf entstanden.

Wache auch du aus deiner Unbewusstheit auf, komm zur Ruhe, erkenne dich selbst und steuere deine Energie ganz bewusst aus dir selbst heraus. Sei dir klar darüber, dass deine eigenen unbewussten Gedanken und Gefühle, die du unterdrückst, in dir anstaust oder nicht bewusst durchlebst, für all das Drama und den Schmerz verantwortlich sind. Verinnerliche, dass du weder dein Verstand noch deine Gefühle bist, sondern über beides verfügst, und lege jegliche Identifikation damit ab, erkenne, dass du entscheiden kannst, wie lange du darunter leidest. Nehme bewusst wahr, was du denkst, wie du bewertest, wie du die Welt siehst, wie du dich fühlst und handelst und sei ehrlich zu dir selbst, denn das Einzige, was du wahrhaft besitzt, ist dieser Augenblick – und möchtest du diesen nicht erfüllt und in Frieden erleben?

EGO / UNBEWUSSTHEIT

„Wer bin **ich** und was kann **ich** alles?“; „Warum bin **ich** mit meinem Leben und mir selbst so unzufrieden?“; „**Ich** brauche Zeit und viele Ziele.“; „Warum dauert das so lange, **ich** habe keine Zeit?“; „**Ich** fühle mich zu dick und zu groß.“; „Niemals werde **ich** erfolgreich.“; „Mein Chef setzt mich schon wieder unter Druck.“; „**Ich** bin nicht attraktiv.“; „**Ich** verstehe nicht, wie loslassen geht.“; „**Ich** bin so genervt von meiner Frau.“; „**Ich** liebe Geld und möchte noch mehr haben.“; „Weshalb bin **ich** unglücklich und wie werde **ich** glücklich?“

Wer ist **Ich** und was sucht dieses **Ich** überhaupt?

„**Ich**“ ist dein Selbstbild, das sich über die Jahre deines Lebens durch unbewusste Konditionierungen herausgebildet hat: Durch die Erziehung, die Kultur, das Glaubenssystem, die Lebensumstände und Menschen, die dich umgeben. Dieses Selbstbild, das jeden Menschen ausmacht, wird auch Ego oder der Zustand der Unbewusstheit genannt, und **hinter** dieser Maske liegen all deine Träume und Talente, die dich antreiben und ausmachen – deine innere Zufriedenheit. Schau dir dazu die Abbildung Nr. 3 an.

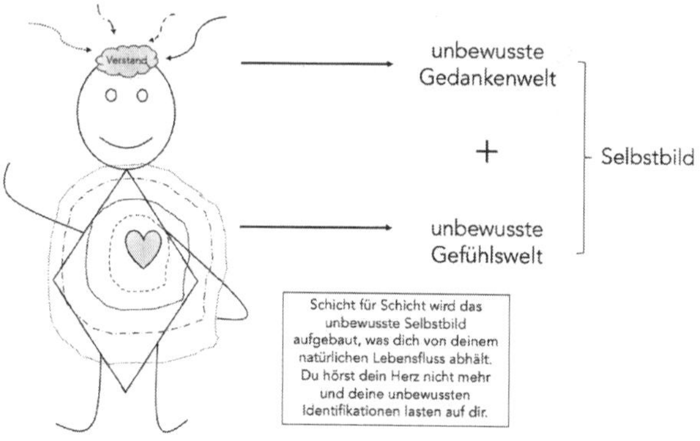

Abb. 3 - Vereinfachte Darstellung

Du bist das, was du glaubst zu sein.

Im Mutterleib und in den darauffolgenden ersten Jahren, hast du von deinen Bezugspersonen gelernt. Du hast deinen eigenen Körper erfahren, gelernt was Hände und Füße sind, wie sie benutzt werden, Augen zum Sehen, Ohren zum Hören – alle Sinne haben sich ausgeprägt. Du hast deine Stimme kennengelernt, mithilfe der Bezugspersonen sprechen und zu essen gelernt und dir angeeignet, wie du mit deinem Körper umgehst. Sobald du die Menschen um dich herum wahrnehmen konntest, hast du die Verhaltensweisen, Muster, die Gefühls- und Verstandeswelt dieser Menschen angenommen. Dein Gehirn war so clever, dass es nicht nur den Körper, sondern über den Körper hinaus in der Außenwelt und durch sein Umfeld weitergelernt hat. Damit begann aber auch die Konditionierung, der Vorgang der Übernahme unbewusster Verhaltensweisen als deine eigenen, du hast stetig mehr erfahren, fortlaufend die Aussagen der Eltern, Freunde, Gesellschaft und Bekannten als deine eigenen Wahrheiten angenommen. Im Kindergarten haben die Erzieher die Konditionierung vorangetrieben, in der Schule die Lehrer und die Klassenkameraden. Im Job prägen heute die Kollegen und der Chef das Selbstbild und schließlich beeinflussen auch Lebenspartner, wie du dich selbst siehst. Durch diese Konditionierungen deiner Gedanken- und Gefühlswelt, erschaffst du dir ständig dein eigenes Selbstbild. Das erkennst du zum Beispiel an den Aussagen anderer, die meinen, dass du nach deiner Mutter oder deinem Vater kommst. Deine Eltern wünschen sich bestimmt das Beste für dich, projizieren dabei jedoch unbewusst ihre eigenen Vorstellungen von Erfolg, Glück und Selbstverwirklichung auf dich und stellen sich eben nicht die Frage, wie sie dich in der eigenen Entwicklung unterstützen können – weil sie selbst nur ein unbewusstes Dasein führen und die Welt so hinnehmen, wie sie vermeintlich ist. Dieses **unbewusste Sein** gaben sie an dich weiter und du lerntest ausschließlich deine Außenwelt wahrzunehmen, deine Innenwelt vernachlässigtest du und identifiziertest dich dementsprechend lediglich mit den Gegebenheiten in deiner Außenwelt. Das ist der Grund, warum du deine eigene Wahrheit als die einzig richtige empfindest. Du hast dich nicht mehr weiterentwickelt, sondern bliebst bald schon in Resignation. Deine Konditionierung prägt entsprechend, wie du denkst, fühlst, handelst und dadurch die Welt wahrnimmst und bewertest. Alles in deiner Außenwelt erscheint dir natürlich, da du so denkst und fühlst. Du lebst somit in deiner eigenen konstruierten, weil konditionierten Wirklichkeit und siehst nur einen Teil, als würdest du durch ein Schlüsselloch sehen, dabei aber meinen im Raum zu stehen und die ganze Wahrheit zu kennen. Du hast dir deine eigene Erlebniswelt durch diese unbewusste Konditionierung aufgebaut und tust es heute immer noch, dies lässt dich dementsprechend glauben, dass jeder anders oder individuell sei. Siehe hier Abbildung Nr. 4.

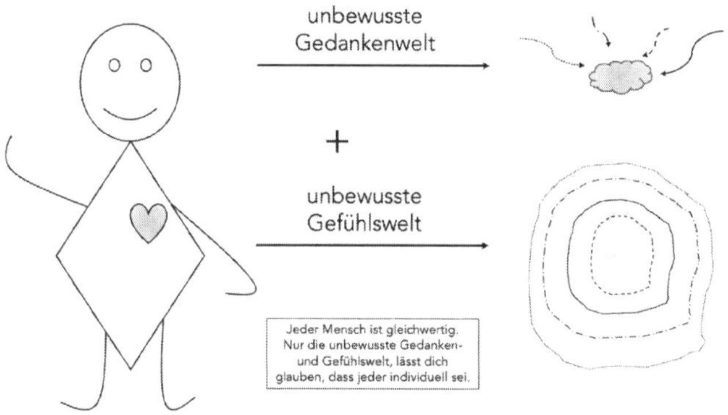

Abb. 4 - Vereinfachte Darstellung

Glaubst du, dass alle Lebewesen voneinander getrennt seien, sei dir bewusst, dass dein Verstand und deine Gefühle dich das durch deine Sichtweise und deine Konditionierungen meinen lassen und du dann nicht mehr direkt deine Innenwelt, sondern oftmals nur noch deine eigene Außenwelt wahrnimmst. Mache dir bewusst, dass dein Umfeld und die Menschen die dich umgeben einen enormen Einfluss darauf haben, wie du denkst, fühlst und dich verhältst. Bedenke, dass ganz gleich wo du bist und mit wem du zusammenkommst, sich deine Verhaltensweise ändern kann, da du die der anderen zumindest teilweise unbewusst annimmst. Reflektiere in diesen Momenten, was in deinem Inneren vor sich geht. Verhältst du dich so, wie du es möchtest oder nimmst du das Verhalten anderer Menschen als deine eigene Wahrheit an?

IDENTIFIKATION

Es geht nicht darum, wer du bist, sondern was durch dich spricht und was du wahrhaft kannst.

Deine Konditionierungen erschaffen all deine unbewussten Identifikationen mit der Außenwelt und lenkst du deine Aufmerksamkeit auf die Identifizierung mit deinem Geschlecht, dem physischen Alter, mit deiner Hautfarbe und mit der Vergangenheit oder der Zukunft, dann wirst du so denken, fühlen, handeln und so sein. Schenkst du deine Energie deinen Identifikationen mit der eigenen Kultur, mit deinem Glaubenssystem, deiner Religion, mit der Sprache oder den Verhaltensweisen deines Landes und identifizierst dich mit einer politischen Bewegung, mit Sternzeichen, mit verschiedenen Gruppierungen oder mit einer Rolle wie Koch, Arzt, Unternehmer, Coach, Berater, spiritueller Lehrer oder Trainer oder meinst jemand anderes sein zu wollen als du selbst, wirst du dementsprechend denken, fühlen, handeln und so sein. Nehme wahr, dass du dich sogar mit deinem eigenen Körper identifizierst, was sich daran zeigt, dass Kleinkinder vorerst von sich selbst in der dritten Person sprechen, da sie sich eben noch nicht mit diesem identifiziert haben. Mache dir bewusst, dass deine Identifikation mit dem Körper nicht dem entspricht, was dich wahrhaftig ausmacht – du denkst dies nur. Nutze deinen Körper, um zu tun, um in gänzlicher Fülle und Bewusstheit zu sein und erkenne, dass du nicht dein Körper bist, sondern dass du mit ihm **lebst**, pflege ihn und nutze ihn mit Bedacht. Deine Unbewusstheit über all die oben genannten Aspekte, spielen hierbei immer eine Rolle, da du dieser Identifikationen nach so denkst, fühlst und dich so verhältst. Lenkst du deine Aufmerksamkeit darauf schlecht über dich selbst zu denken, dass du nichts wert seist, du kein Selbstvertrauen hättest und nicht erfolgreich werden könntest, dann denkst du, fühlst du und verhältst dich dementsprechend in deiner Außenwelt. Lenkst du deine Aufmerksamkeit darauf schlecht über andere zu reden, meinst du bist der Beste und Größte der ganzen Welt, wüsstest alles besser, dann wirst du dich als der Beste fühlen und gegenüber anderen Menschen so handeln. Lenkst du deine Aufmerksamkeit darauf spirituell zu sein, dann wirst du spirituell denken, so fühlen und dementsprechend in deiner Außenwelt erscheinen. Identifizierst du dich damit eine Führungskraft und ein Unternehmer zu sein, dann wirst du autoritär denken, fühlen und dich so verhalten. Dieses Spiel kannst du auf jede Situation in deinem Leben weiterführen …

Nach Fuerteventura zu gehen und ein Surferleben zu führen, ließ mich so denken, fühlen und handeln wie ein Surfer. Ich nahm meine Welt genauso wahr und lebte sie so aus, zog alles in mein Leben, was mit Surfen zu tun hatte: Andere Menschen mit dieser Vorliebe, Filme und Situationen und meine ganze Außenwelt richtete sich danach aus, wie ein Surfer zu sein hat. Dasselbe ist mir widerfahren, als ich Selbstständig war, oder als ich mit einem kleinen Team zusammenarbeitete, ich dachte und fühlte wie eine Unternehmerin und bekam Anfragen für eine Zusammenarbeit mit anderen Menschen. Ich identifizierte mich mit all den Rollen, lebte bewusst all die

Leben, doch stellten sie nicht meinen wahrhaften Kern dar und ich konnte sie mitspielen, wie sie mein Leben vorgab. Ich brauchte nicht die Bestätigung in diesen Rollen von anderen, denn ich tat es nur von mir aus und hatte Freude daran. Werde dir klar darüber, dass es nicht darum geht, wer du bist, was du dir für eine Identität zuschreibst, sondern was du wahrhaftig aus dir selbst heraus in Begeisterung tun möchtest und dadurch erschaffen kannst, um mit dir selbst in Zufriedenheit zu sein. Verschaffe dir Klarheit über deinen Verstand und die damit verknüpften Identifikationen. Frage dich, wo du heute stehst, mit wem du dich umgeben möchtest und erkenne, welche Identifikationen dich festhalten, um deiner Weiterentwicklung, deiner natürlichen Lebensführung nicht entgegenzuwirken. Folge deiner Neugier, der Veränderung, diesem Ruf in dir und lasse deiner eigenen Unbewusstheit über deine Weiterentwicklung in deinem Leben nicht die Oberhand. Lasse los von dem, was dir und deinem Körper nicht guttut, befreie dich von unbewusster Identifikation, welche Stress, Druck und Unzufriedenheit in dir verursacht und nehme den Frieden und deine schier grenzenlose Freiheit in dir wahr. Nutze durch das Loslassen deine freigesetzte Energie, um dein eigenes Leben in Fülle aus dir selbst heraus zu gestalten.

DIE WAHRHEIT

Du siehst nicht die ganze Wahrheit, denkst aber,
dass du die ganze Wahrheit kennst.

Du denkst, fühlst und verhältst dich so, wie du dein eigenes Selbstbild, deine eigene unbewusst-auferlegte Wahrheit erschaffen hast und meinst dann **was** du tust, sei dein einziger und richtiger Weg – **deine** Wahrheit (Abb. Nr. 5).

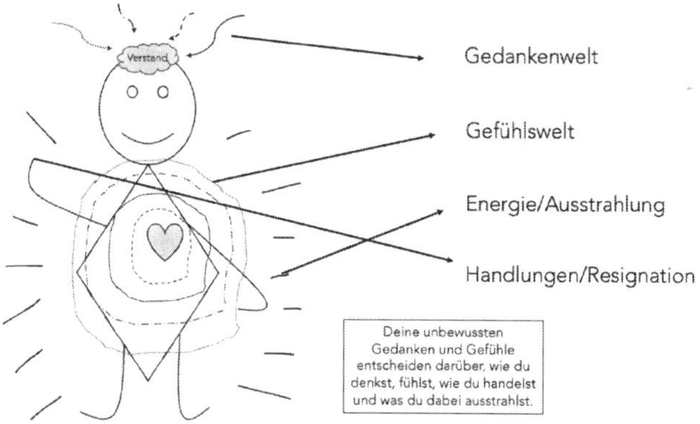

Abb. 5 - Vereinfachte Darstellung

Über die Jahre werden all diese Konditionierungen in deinem Unterbewusstsein vergraben, angestaut und schaffen Leid in dir. Das macht sich bemerkbar durch Gefühle wie Wut und Frustration und führt zu Müdigkeit, Druck und Depressionen, dem du standhalten willst. Du folgst nicht deiner eigenen und natürlichen Lebensführung, kommst nicht zur Ruhe, sondern tust das, was dir deine unbewussten Gedanken und Gefühle vorgeben. Du bleibst in Resignation, entwickelst dich nicht weiter und willst in deiner Außenwelt andere Menschen verändern, anstatt bei dir selbst anzufangen und dich selbst wahrzunehmen. Deine Unbewusstheit hat eine solch starke **mental-emotionale Bindung** an dich, dass du deine Konditionierung nicht erkennst und loslassen kannst. Du weißt somit gar nicht, dass du die Welt so siehst, wie du sie siehst, weil dir dein eigenes Ego, deine Konditionierungen diese Sichtweise vorgeben.

Jeden Bereich, in dem ich arbeitete und Ort, an dem ich war, ließ ich nach gewisser Zeit los, denn nichts dergleichen entsprach meiner eigenen Wahrheit. Die Identifikationen mit den Gegebenheiten stimmte mich bald schon unzufrieden, ich musste weiter meinem eigenen Lebensfluss folgen. Überall in meiner Außenwelt suchte ich nach meinem inneren Frieden, war rebellisch, hatte immer meine eigene Meinung, sprach andere Menschen schuldig und ging stur meinen Weg. Es interessierte mich oftmals wenig, was andere machten und wie es um sie stand, heute weiß ich, dass ich diesen Weg gehen musste, um dadurch meine eigene Unbewusstheit zu erkennen und mir klar zu machen, dass es nur einen Ort der Zufriedenheit gibt: In mir - und das entspricht heute meiner eigenen Wahrheit.

Führe dir folgendes Beispiel vor Augen: Provoziert oder beleidigt dich ein anderer Mensch, findet das nicht in dir, sondern in **diesem** Menschen statt – er lebt durch **seine** Wahrheit. Lässt du diese Beleidigung an dich ran und erkennst deine Unbewusstheit darin nicht, dann wirst du wütend und lässt das Verhalten anderer über deinen **inneren** Frieden bestimmen – du verteidigst **deine** Wahrheit. Beharrst du auf deinem Standpunkt und glaubst deine Meinung sei die einzig richtige, ist das einer unbewussten Auseinandersetzung ähnlich. Alles, was dich wütend oder angespannt sein lässt ist ein Ausdruck deiner Unbewusstheit und findet **nur in dir** statt. Betitelst du andere Menschen als „Idioten“, „Dummköpfe“ oder „Blödmänner“, ohne dich selbst zu erkennen, zu hinterfragen und dir bewusst darüber zu sein, dass jeder seine eigene unbewusste Wahrheit lebt, lässt du deine eigenen Gedanken und Gefühle über deinen Frieden herrschen. Stelle dir in solch einer Situation die Frage: Möchte ich meine Energie damit verschwenden meinen Gedanken und Gefühlen des Grolls und der Wut die Aufmerksamkeit zu schenken, oder befreie ich mich daraus und lebe meine wahrhaftige Wahrheit der inneren Ruhe, Leichtigkeit und Freiheit?

VON INNEN NACH AUSSEN

Deine Außenwelt ist ein Spiegel deiner Innenwelt.

Deine Außenwelt stellt einen Spiegel deiner eigenen Innenwelt dar. Das, wer du glaubst zu sein, wirst du in deiner Außenwelt wahrnehmen, dich mit denselben Menschen und Gegebenheiten identifizieren und dir deine eigene Identität und damit deine Außenwelt erschaffen. Du nimmst das in deinem Leben wahr, was du benötigst, um dich selbst zu erkennen und hast durch deine eigenen Sinne die Möglichkeit zu jedem Moment in deinem Leben dir deiner Außenwelt und deiner eigenen Innenwelt bewusst zu werden. Du kannst deine eigenen Gedanken und Gefühle nur zum **jetzigen Moment** wahrnehmen, ehrlich zu dir sein, erkennen was du denkst und fühlst. Glaubst du andere Menschen oder eine Situation stören dich und deine Gedanken darüber lösen in dir negative Gefühle aus, stellt dies ein **Trigger für dich** dar. Durch dieses Erkennen erlangst du Bewusstheit über dich selbst. Mache dir zur gegebenen Situation klar, dass all das nur in dir stattfindet und erkenne, dass du es selbst bist, der sich über die Situation ärgert und all seine Unbewusstheit über sich herrschen lässt.

Eine gute Übung dafür ist folgende: Stelle dir einmal vor du befindest dich in einem ruhigen Zimmer, indem du deine Arbeit erledigst oder die Ruhe genießt. Anfangs nimmst du das Summen der Mücke vielleicht gar nicht wahr, doch plötzlich hörst du es, du meinst es wird stetig lauter, bis es dich bald schon stört und ein Gefühl der Wut in dir auslösen kann, da du der Mücke und dem Gedanken daran die ständige Aufmerksamkeit schenkst. Ziehst du die Energie aus diesem Gedanken an das Summen der Mücke in deiner Außenwelt ab und lenkst deine Aufmerksamkeit zu dir in die Ruhe, übst dich darin, dann nimmst du sie noch wahr, doch kannst entscheiden, ob du dieses Summen über deinen inneren Frieden herrschen lässt. Dies kannst du mit jeder Situation in deinem Leben machen, wenn du erkennst, was deine Außenwelt, eine Situation oder ein anderer Mensch in dir auslöst. Glaubst du jedoch, übermorgen eine Herausforderung von vorgestern lösen zu können, ist das eine Täuschung deiner Unbewusstheit und eine Ausrede, die dein Verstand sucht, um dich nicht loslösen und ehrlich zu dir sein zu müssen. Deine eigene Herausforderung kannst du nur dann lösen, wenn sie da ist und in dieser Situation muss **nichts getan** werden. Vielmehr liegt der Fokus auf dem **Erkennen und Wahrnehmen** des **Momentes**, den Gedanken und das Gefühl bewusst zu durchleben und dann loszulassen. Denn wie willst du den Gedanken und das Gefühl, dass das Summen der Mücke gerade jetzt in dir auslöst, morgen loslassen, wenn die Mücke in einem anderen Raum nicht mehr zu hören ist? Dies gilt für jede Situation in deinem Leben, nehme dich und deine Außenwelt in **jedem Moment** bewusst wahr und bestimme du selbst über dich, dein Leben und deinen inneren Frieden.

Willst du deine Außenwelt verändern, verändere deine eigene Innenwelt.

Versuchst du aus deinem Verstand heraus deine Außenwelt oder andere Menschen zu deinen Gunsten zu ändern, deine Meinung ständig kundzutun, ohne deine eigene Innenwelt miteinzubeziehen, wirst du scheitern. Denn kämpfst du gegen deine eigene Natur an, gegen deine eigene Lebensführung, entsteht Druck und Unzufriedenheit in dir und du sollst begreifen, dass dein Weg, den du gerade gehst, **nicht** der deine ist. Der Versuch, etwas oder jemanden mit Druck und Zwang in deiner Außenwelt zu verändern, steht nicht im Einklang mit deinem Lebensfluss. Diesem Druck, der unbewussten Gedanken die du dir auferlegt hast, standzuhalten ist das, was du dementsprechend machen musst, um nicht deine Identität zu verlieren – du spielst eine unauthentische Rolle. Deine Identität, die du dir unbewusst erschaffen hast, lässt dich dazugehörig fühlen und du brauchst die Rechtfertigung und damit die Bestätigung anderer, um deine Identität bestätigt zu wissen und lebst dadurch von außen nach innen. Es gab Menschen in meinem Leben, die mir vorschrieben, wie ich zu sein, zu denken und zu handeln hätte. Es gab diejenigen, die die Bestätigung bei mir suchten, um sich in ihrer Rolle bestätigt zu fühlen und es gab Führungskraft, die mir im Vertrauen berichteten, dass sie am liebsten alles aufgeben und auf Reisen gehen würden. Manche dieser Menschen leben auch heute noch in ihren eigenen Zwängen und finden keinen Ausweg aus ihren eigenen unbewussten Gedanken, andere haben sich selbst erkannt, alles losgelassen und sich daraus befreit. Suchst auch du noch die Bestätigung anderer, musst dich rechtfertigen oder meinst deine Meinung sei die einzig richtige, um dich in dem was du tust, bestätigt zu wissen, passiert dies unbewusst und kann zu einem ständigen Druckaufbau in dir führen, da du anderen gegenüber, Recht haben, genügen und dich bestätigt fühlen möchtest. Müdigkeit, Frustration, Erhabenheit, Niedergeschlagenheit, körperliche Schmerzen oder Beschwerden können daraus entstehen. Du folgst nicht deiner **inneren Weisheit**, sondern versuchst durch unbewusstes Vergleichen, Anerkennung, Verändern der Außenwelt, Verzerrung, Rollenspiele oder Masken deine eigene unbewusste Identität aufrecht zu erhalten – du bist abhängig von deiner eigenen Außenwelt.

Werde dir an dieser Stelle klar darüber, dass Veränderung in **deiner Innenwelt** beginnt und dass das Loslassen einer Situation Leichtigkeit für dich bedeutet. Lenke deine Aufmerksamkeit auf deine Wachsamkeit dir selbst gegenüber und darauf, dein Leben bewusst aus dir selbst heraus zu leben und zu gestalten, dich an niemandem und an nichts festzuhalten und du bist frei in deiner inneren Welt. Erkenne, was es heißt, innere

Ruhe und Glückseligkeit zu spüren, mit dir im Reinen zu sein und nutze deinen Verstand als bewusstes Werkzeug. Werde dir deiner eigenen Talente klar und erschaffe mit voller Leidenschaft und Furchtlosigkeit aus dir selbst heraus – Was immer dir Freude, Begeisterung und Leichtigkeit bringt. Diese Kraft in dir, die dein Verstand nicht erfassen kann, ist **auch in dir** vorhanden, **befreie** dich von deinen unbewussten Gedanken und Gefühlen und lebe in ewiger Fülle von innen nach außen.

KAPITEL 3
BEFREIUNG

GRENZENLOSE FREIHEIT

Wahrscheinlich träumst du lediglich davon zufrieden zu sein, mit dir selbst, deinen Träumen und Talenten im Einklang zu leben. Weil du jedoch nicht weißt, wie dein Verstand und deine Gefühle funktionieren, hast du nur gelernt, wie deine Außenwelt, jedoch nicht, wie deine Innenwelt funktioniert und lebst ausschließlich ein halbes Leben und nicht in deiner vollen Kraft und Energie. Erkenne, dass deine Innenwelt deine Außenwelt erschafft und dass auch du grenzenlos bist. Möchtest du diese Grenzenlosigkeit in dir erfahren, ist es notwendig deine Aufmerksamkeit aus deinem Verstand und deinen Gefühlen abzuziehen und diesen primär **keine** Energie mehr zu schenken. In deine innere Ruhe zu kommen und den jetzigen Moment in Fülle wahrzunehmen. An welchem Punkt du gerade in deinem Leben stehst, nehme dich **in diesem Moment** ganz bewusst wahr. Nehme dich wahr **wo** du bist, **was** du gerade fühlst und mache dir bewusst, ob du gerade in diesem Moment, in dem du liest, deinen Verstand wahrnehmen kannst. Alles, was dir durch den Kopf geht, all die Gedanken über dich selbst und andere finden **nur dort** statt. Redet dir dein Verstand Probleme ein und bewertet diese, nehme wahr, dass das dein Verstand ist, du aber gerade in diesem Moment gar kein Problem hast, da du entscheiden kannst, ob du ihm weiterhin deine Aufmerksamkeit darüber schenkst, oder in deine Ruhe zu dir kommst, um eine Lösung für deinen Lebensumstand zu finden. Nehme wahr, wer und was in deinem Leben Platz hat und wenn dein Leben gerade nicht so ist, wie du es dir wünschst, dann liegt es weder an deinem Leben noch an anderen Menschen, sondern daran, dass dein Verstand dich deine Welt so erschaffen und wahrnehmen lässt. Das was dein Leben in deiner Außenwelt darstellt, ist das, was du dir – bewusst oder unbewusst – **selbst** erschaffst oder erschaffen hast. Möchtest du es bewusst aus dir heraus in Grenzenlosigkeit leben, dann gilt es in deine Ruhe zu kommen und dein tiefstes Selbst zu erkennen – jenseits deiner Gedanken und Gefühle.

Zufrieden bist du, wenn du dich der
Vergänglichkeit nicht widersetzt.

Ich ging immer wieder neue Wege, folgte meinem Lebensfluss, tat verrückte Dinge, erlebte Abenteuer und reiste um die ganze Welt, um dieses Buch schreiben zu können und dir näher zu bringen, wie es funktioniert ein Leben in Grenzenlosigkeit zu führen. Glaubst du also, dass du weder Geld noch Zeit hättest, dann mache dir eines klar: Womöglich entschiedst du dich für ein Haus, einen sicheren Arbeitsplatz, eine Hypothek, einen Garten, der gepflegt werden muss, ein teures Auto, oder anderen materiellen Besitz. Ich entschied mich bewusst gegen all dies und setze auch heute noch mein Geld für all meine Träume ein, um in Fülle aus mir selbst heraus zu leben. Ganz gleich, wo ich war, ich verdiente mein Geld mit dem, was mich begeisterte, als Surflehrerin am Meer, als Outdoor Guide in den Bergen oder als Projektleiterin für Events. Und einer der wichtigsten Aspekte wurde mir dadurch klar: Alles verändert sich und ist vergänglich und ich kann weder materiellen Besitz, noch Geld mit ins Jenseits nehmen. Es sind deine Ausreden, die dir verwehren deine Träume zu leben und dein Verstand, der dir einreden will, dass du dieses oder jenes nicht schaffen könntest. Dabei spricht er dir Sätze zu wie: „Wie soll das gehen?"; „Ich habe keine Zeit mir darüber Gedanken zu machen."; „Das mache ich erst, wenn ich Geld habe."; „Das werde ich nie schaffen."; "Ich kann doch nicht all das in meinem Leben aufgeben, ich habe so hart dafür gearbeitet."; oder: „Dafür bin ich viel zu alt.". Mit all diesen Sätzen blockiert dich dein Verstand, sucht Ausreden und stellt den Grund für deine Resignation dar, du trittst den Weg zu dir selbst und all deinen Träumen niemals an, weil du deine Identifikationen mit all dem **nicht** loslassen kannst. Du lenkst deine Aufmerksamkeit auf die Gedanken der Sicherheit und Kontrolle, dass du es nicht schaffen könntest oder noch mehr tun musst, um zu genügen, anstatt das zu tun, was dich von Herzen erfüllt. Wiederholst du diese Gedanken wieder und wieder vergeudest du deine Energie im Verstand – du denkst ständig daran, dass du es nicht schaffen wirst, oder noch mehr machen musst, anstatt dich jetzt in diesem Augenblick für dich selbst und die Lösung zu öffnen, die Energie aus deinem Verstand abzuziehen und die Energie bewusst für dein Vorhaben zu steuern.

Weisheit ist die Klugheit, hinter deine Unbewusstheit zu schauen und die Limitierung zu erkennen.

Mache dir an dieser Stelle einmal ganz bewusst: Sprichst du dir Ausreden zu, erkenne, dass sie nur in **deinem** Kopf stattfinden und Grenzenlosigkeit liegt **jenseits** deiner Gedanken und Gefühle. Fernab deiner Welt der Ausreden, in der du meinst, etwas zu finden, jemand zu werden oder etwas erreichen zu müssen. Deine Unbewusstheit lässt dich glauben, dass du limitiert seist, Grenzenlosigkeit hingegen ist nur in einem Moment erfahrbar und dieser Moment ist **jetzt**. Frage dich einmal selbst: Warum lasse ich meinen Verstand nicht dienen, sondern über mich herrschen? Erkenne, dass dein Verstand eine Aufgabe ausführen, aber nicht dein Potenzial und deine Träume limitieren soll. Wirst du dir darüber klar, kannst du dein Handeln ändern, dich Neuem in deinem Leben öffnen und ihn als bewusstes Werkzeug für dich einsetzen. Sei dir bewusst, dass all deine Gedanken und Gefühle **jetzt** stattfinden. In jedem Moment kannst du dich neu entscheiden andere Wege zu gehen, deine Grenzenlosigkeit und Freiheit zu leben - in jeder Situation, in jedem physischen Alter, denn all das ist bereits **in dir** vorhanden.

BEFREIUNG

Da du dich nur zum **jetzigen Moment** von einer Konditionierung lösen kannst, ist es wichtig, dir und deinen Gedanken und Gefühlen aufmerksam zuzuhören, diese zu reflektieren und wahrzunehmen. Diese Wahrnehmung solltest du **unbewertet** vornehmen, denn nach den ersten Selbsterkenntnissen und der Entdeckung deiner eigenen Unbewusstheit neigst du schnell zur Selbstverurteilung.

1. SCHRITT: GEDANKEN UND GEFÜHLE BEWUSST ERKENNEN

Die Lücke, die dein Ego stopfen möchte, das Suchen im Außen nach etwas oder jemandem, das Bewerten eines anderen Menschen oder die Verurteilung dir selbst gegenüber sind Merkmale deiner eigenen Unbewusstheit. Diese Unbewusstheit zeigt sich daran, dass du konsumieren musst, einen anderen Menschen einforderst oder dass du etwas Bestimmtes tun möchtest, um dich zu erfüllen – um dich gut, geliebt, stark, zugehörig oder machtvoll zu fühlen. Alles dreht sich darum, dein Ego zu stärken – um Anerkennung und Bestätigung zu erhalten, oder dich im Konsum zu verlieren. Du rennst vor dir selbst weg, bist rastlos ständig auf der Suche und ruhst nicht in dir. **Selbstreflexion** ist demgegenüber das beste Werkzeug, um deine unbewussten Konditionierungen zu erkennen. Jeder Gedanke und jedes Gefühl, das in dir hochkommt, kann darüber bewusst gemacht werden. Dieses **Erkennen** deiner eigenen Gedanken und Gefühle ist der erste Schritt, indem du unbewertet reflektieren kannst, was die Gedanken und Gefühle mit dir machen und wie du dich selbst dadurch verhältst. Glaubst du durch die elterliche oder gesellschaftliche Konditionierung viel arbeiten zu müssen, um Geld zu verdienen, ist das eine Konditionierung, die dich glauben lässt, dass du so denken musst. Wird eine Situation oder ein anderer Mensch in deinem Leben einen Reiz in dir auslösen, indem dieser Mensch zum Beispiel behauptet Geld zu verdienen sei einfach und leicht, dann wirst du getriggert. Durch diesen **Trigger** kann dann eine erhebliche Reaktion zum Beispiel Wut in dir entstehen und es bricht aus dir heraus, dass Geld zu verdienen schwer sei und nicht leicht, denn das sagt deine Konditionierung. Es ist für dich nicht annehmbar, wenn ein anderer Mensch das Gegenteil behauptet von dem, wie du zu glauben scheinst. **Hinterfrage und reflektiere** dich in diesen Momenten selbst, wie du dich und andere behandelst, wie du über dich und jene denkst, dich dabei fühlst und verhältst. Und mache dir in solch einer Situation ganz bewusst: All das findet **nur in dir** statt und wird dir durch den Trigger bewusst gemacht. Schaue dir dazu Grafik Nr. 6 an.

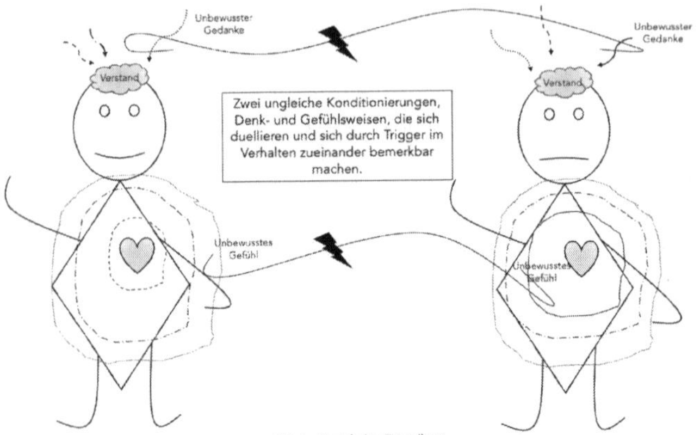

Abb. 6 - Vereinfachte Darstellung

TRIGGER

Ein Trigger beschreibt einen sogenannten **Schlüsselreiz**, der in dir eine bestimmte Reaktion hervorruft, dieser Reiz kann alles Mögliche sein: Ein Geruch, eine Szene, Sätze, Orte, Bilder, Verhaltensweisen oder einfach nur besondere Empfindungen…

Bestimmt erlebst auch du ab und an folgende Situation: Du stehst im Supermarkt an der Kasse, bist in Eile und nichts geht voran. Dieser Trigger durch deine Außenwelt, dass andere sich beeilen sollen, lässt dich in dir gereizt fühlen. Da du meinst keine Zeit zu haben, macht sich Ungeduld in dir breit und deine Gedanken fangen an zu bewerten und zu urteilen. All das sind **deine eigenen** unbewussten Gedanken und Gefühle und auch wenn sie da sind, wird die Schlange an der Kasse nicht schneller voran gehen. Wirst du von dieser Situation dauerhaft getriggert und bist dir nicht bewusst darüber, glaubst du, dass nicht du selbst, sondern andere Menschen für dein Problem verantwortlich seien. Dabei bist du es selbst, denn all diese Gedanken und Gefühle finden nur in dir statt. Gerade dann sei dankbar, wenn du solch eine Situation geschenkt bekommst, denn dies stellt eine Situation dar, die all deine Gefühle und Gedanken wachrüttelt und dir erlaubt wieder zur Ruhe zu kommen, dich zu entspannen und Zufriedenheit zu finden. Automatisch nimmst du dann auch deine Außenwelt entspannter wahr.

Du bist deinen Triggern nicht hilflos ausgeliefert –
du kannst sie für dich selbst nutzen.

Dein Leben schenkt dir immer wieder dieselbe Situation – bis du aufwachst und endlich erkennst, dass es deine Unbewusstheit ist, die dich zu dem macht, der du meinst zu sein. Mache dir bewusst, dass du weder deine Gedanken noch deine dazugehörigen Gefühle bist, hast du dies noch nicht erkannt, handelst du unbewusst und unkontrolliert. Möchtest du jedoch Frieden in dir und deiner Außenwelt, nutze beides bewusst für dich und andere. Lasse die Gedanken und Gefühle los, die dich triggern – komme in die Ruhe zu dir - und schließe Frieden mit dir selbst und deiner Außenwelt, anstatt die Schuld, die deine eigenen Gedanken in dir auslösen, bei anderen Menschen zu suchen.

Du bist von Beginn deiner Existenz an bereits vollkommen, lediglich deine Unbewusstheit lastet auf dir. Dies lässt dich glauben, du seist in deinen Lebensumständen gefangen und könnest dich nicht daraus befreien. Dabei musst du nur deine Gedanken und Gefühle wahrnehmen, ehrlich zu dir selbst sein, um deine Freiheit zu erlangen – und das geht immer nur Jetzt. Ich war oft wütend, habe mich selbst nicht verstanden, alleine gefühlt und gedacht ich schaffe es nicht mein Leben zu meistern. Durch Krankheit, Ohnmacht, Schwindel und körperliche, wie psychischen Schmerz zwang mich mein Leben wieder und wieder zur Ruhe zu kommen. All das hing zusammen mit meinen unbewussten Gedanken und Gefühlen, die ich aus der jeweiligen Situation erkennen sollte und nur auf diese Weise de-konditionierte ich mich selbst. Ich erkannte mich und meine eigene Selbstzerstörung und kam in jeder dieser Umstände bewusst wieder zur Ruhe. Heute entscheide nur ich darüber, was meine Gedanken und Gefühle mit mir und anderen Menschen machen und wie ich diese in meinem Leben für ein Miteinander einsetze.

2. SCHRITT: EHRLICH ZU DIR SELBST SEIN

Der nächste Schritt der Befreiung besteht darin, **ehrlich zu dir** selbst zu sein. All die unbewussten Gedanken und Gefühle wurden in dir getriggert und sind da, du kannst diese unbelastet und unbewertet dir selbst gegenüber **wahrnehmen** und solltest sie anerkennen. Das Bedürfnis nach Kontrolle, die Sicherheitsgedanken, die Ängste, Gedanken und Gefühle, auf die du lieber verzichten würdest – sie alle sind weder gut noch schlecht, sondern in dir vorhanden. Kämpfe nicht gegen sie an, sondern lasse sie da sein und erkenne dich darin selbst, ohne dich zu verurteilen, ansonsten landest du in einer Schleife der Selbstsabotage. Glaube mir, auch ich wurde in meinem Leben zu genüge getriggert, wurde wütend, ließ mich über andere Menschen und deren Verhalten aus. Dennoch fand all dies in mir selbst statt und als ich das erkannte, ehrlich zu mir wahr, befreite ich mich daraus und ließ los. Dieses Gefühl der **Befreiung**, endlich nicht mehr diese Gedanken und Gefühle über meinen Frieden in mir herrschen zu lassen, schenkte mir die pure Freiheit.

3. SCHRITT: AUFMERKSAMKEIT ABZIEHEN / LOSLASSEN

Energie folgt der Aufmerksamkeit. Bist du dir deiner Gedanken und Gefühle bewusst, gilt es loszulassen, indem du dem Gedanken oder dem Gefühl keine Aufmerksamkeit mehr schenkst und ihnen deine Energie entziehst. Richtest du deine Aufmerksamkeit wieder und wieder auf dasselbe Thema, wirst du dein ganzes Leben lang denselben Kampf führen. Denn du fütterst die Konditionierung weiter mit deiner Energie, verurteilst dich selbst oder andere Menschen, anstatt die Gedanken gehen zu lassen.

Ich lernte Menschen kennen, die seit Jahren versuchten dasselbe Problem durch spirituelle Praktiken in sich zu lösen. Es war dem jeweiligen Menschen bereits bewusst, dennoch schenkte er seinen Gedanken daran, immer wieder Aufmerksamkeit, anstatt loszulassen, diesem keine Energie mehr zu schenken und Ruhe in sich selbst zu finden. Verlierst auch du dich in spirituellen Praktiken, meinst ein und dieselbe Herausforderung lösen zu müssen, willst dich selbst verstehen durch spirituelle Tools und Methoden – auch dann limitierst du dich und verlierst dich im Verstand. Dieser will alles verstehen, gräbt tiefer und sucht wieder deine Aufmerksamkeit. Diese Unbewusstheit des Verstehen-Wollens ist so stark, dass du dich mit all dem identifizierst, obwohl du das gar nicht brauchst. Schenkst du derselben Thematik oder Problematik deine Aufmerksamkeit, wird die Konditionierung niemals verschwinden – du schenkst ihr stetig deine Energie. Verschaffe dir Klarheit über diese Gedanken und lasse sie gehen, damit du endlich zu innerem Frieden kommst.

Stellst du dir an dieser Stelle die Frage, **wie** du loslassen sollst, lenkst du deine Aufmerksamkeit auf diese Frage - in deinen Verstand – und lädst auch diesen Gedanken mit Energie auf. Du übersiehst, dass ausschließlich du es steuern kannst, worauf du deine Aufmerksamkeit lenkst. Loslassen wirst du dann, wenn du deinem Verstand und deinen Gefühlen **keine unnötige** Aufmerksamkeit mehr schenkst. Du deine Aufmerksamkeit gänzlich auf den jetzigen Moment lenkst und deine Energie bewusst in die Umsetzung einer Aufgabe oder in die Ruhe zu dir steuerst. Dann lässt du deinen Gedanken hinter dir und stellst dir nicht mehr die Frage, wie Loslassen geht – dann hast du bereits losgelassen. Anders gesagt: Wenn du darüber nachdenkst, wie Loslassen funktioniert, wirst du niemals loslassen, denn du lenkst ständig deine Aufmerksamkeit darauf, wie loslassen geht. Wenn du diesen Gedanken nicht mehr mit deiner eigenen Energie fütterst, hast du bereits losgelassen und du beginnst zu verstehen, dass du gar nicht zu fragen brauchst. Und mache dir an dieser Stelle ganz bewusst, dass dies mit **jedem Gedanken** so ist.

EMOTIONEN DURCHLEBEN

In manchen Momenten können deine Gedanken und Gefühle so stark werden, dass sie nicht mehr zu halten sind und **bewusst** durchlebt werden sollten. Starke Gefühle wie Wut, Trauer, Aggression oder Ekel zu unterdrücken, ist nur eine Verdrängung deiner eigenen Konditionierung – ein Energiestau, der nicht den gewollten Platz und die Leichtigkeit, sondern eine Schwere in dir schafft. Lässt du dich **nicht** mehr von deinen Gedanken und Gefühlen beherrschen, fängst du an dich selbst zu hören, du setzt durch die Loslösung Energien frei, du wirst deine Intuition wieder spüren und deiner eigenen Lebensführung folgen können. Lasse deine Gefühle und Gedanken geschehen und durchlebe sie bewusst, denn bewusst zu leiden, schafft Freiheit und Raum in dir. Sieh in allen negativen Gedanken und Gefühlen das Positive und nutze sie **für**, anstatt gegen dich und andere. Lasse deine Emotionen bewusst raus, dadurch eröffnet sich dir erst die Möglichkeit, dich von diesen Gefühlen loszulösen. Lasse deine angestauten Energien in dir gehen und schaffe Platz für Neues. Gerade deshalb sind bewusste Konfrontationen zwischen zwei Menschen eine wunderbare Befreiung aus der eigenen Konditionierung von angestauten Energien.

Emotionen bewusst zu durchleben, schafft Energie und Raum für Neues.

Bewusste Konfrontationen bin auch ich schon eingegangen. Dadurch konnten andere Menschen dann ihre eigenen Gedanken und Gefühle erkennen. Einer meiner damaligen Vorgesetzten bestand darauf nicht die gewünschten Änderungen in gewissen Unternehmensstrukturen vorzunehmen, da mir und anderen jedoch bewusst war, dass das die Veränderung für ein Miteinander in Harmonie sein würde, habe ich mich dafür eingesetzt. Seine eigene Blockade, nicht mit der Veränderung mitzugehen, hat dem Unternehmen mehr geschadet als gutgetan. Ich ging auf bewusste Konfrontation und mein Vorgesetzter wurde von mir getriggert. Seine Wut entlud sich mir gegenüber ganz von alleine, aber nur so konnte er sich hinterfragen und von dem alten System loslassen. Auch nur so hat die besagte Veränderung im Unternehmen stattfinden können, da erst **durch ihn** die Veränderung stattfinden musste. All das hat zu einem harmonischen Miteinander geführt. Lässt du deine Emotionen nicht raus, wirst du deine angestauten Energien weiter vergraben, Konditionierungen und unbewusste Gefühle sowie Gedanken bleiben in dir verankert und du verschwendest deine Energie gegen deine eigene Natur, anstatt die Veränderung zu leben. Das führt zu Unzufriedenheit, Stillstand und Resignation in dir und deiner Außenwelt, da du dich nicht frei entfaltest. Durchlebe bewusst deine Emotionen und lasse sie gehen, schaffe Raum und Energie für die Veränderung in dir, denn erst dadurch öffnest du dich für neue Wege in deinem Leben und legst dein wahres Potenzial frei.

SCHMERZ UND TRANSFORMATION

Du entscheidest, wie lange du leidest, wenn du bewusst leidest.

Nicht nur du, sondern jeder Mensch durchlebt physischen oder auch psychischen Schmerz. Die **bewusste** Annahme von Schmerz in deinem Leben ist essenziell, da du dadurch zur Ruhe kommst und dich selbst wahrnimmst. Das Leben weist dich spätestens auf deinen Schmerz hin, wenn er sich durch körperliche Beschwerden bemerkbar macht und dich in die Knie zwingt, dann ist es an der Zeit dich selbst wahrzunehmen. Erkennst du diesen Schmerz an, machst ihn dir bewusst, lässt ihm seinen Raum, durchlebst ihn und lässt ihn dann los, wird dir klar, dass Schmerz vergänglich ist und dich lediglich befreit. Daher mache dir jeden Schmerz, den du empfindest bewusst und nehme wahr, dass dieser nur in dir stattfindet. Nach dem Erkennen, der Annahme und dem bewussten Loslassen, befreist du dich, transformierst und öffnest dich automatisch für Neues – du wirst auf ein nächstes Bewusstseins-Level gehoben.

Jedes Vorhaben, alles, was ich in meinem Leben bisher erlebte, transformierte und de-konditionierte mich und brachte mich dadurch dahin, wo ich heute stehe. Ich erlebte viel Schmerz, viel Wut, viel Aggression und Trauer und zerstörte mich durch diese unbewusst angestauten Energien selbst. Ich hetzte durch mein Leben, reiste durch die Welt und übernahm mich oftmals selbst. Das zeigte mir auch schon bald mein Körper, denn all meine Energie lenkte ich nur in die Umsetzung, anstatt in den Frieden, in die Balance und innere Ruhe. Das Resultat aus diesem selbst hervorgerufenen Stress und Druck in mir war Krankheit, Migräne, Schwindel, Ohnmacht, Verspannungen und körperliche Selbstzerstörung. Eine tiefe Depression nach einer Trennung ließ mich endlich aus diesem Wahnsinn aufwachen und in meinen vollen Frieden zu mir finden.

Während des Leidens hatte ich das Gefühl, dass ich tief falle. Ich wollte morgens weder aufstehen, noch irgendetwas zu mir nehmen, doch ich ließ den Schmerz zu und mich vollständig darin fallen. Nach einigen Tagen hat er mich aufwachen und mich selbst erkennen lassen, dass ich mich selbst limitierte und mich von all der Schönheit des jetzigen Momentes abhielt. In dieser Ruhe erkannte ich außerdem, dass alles und jeder miteinander verbunden und die Kraft, Power, Frieden und Freiheit in jedem Menschen vorhanden ist, all das wird durch die eigene Unbewusstheit limitiert. Dieser Schmerz war ein Geschenk vom Leben und auch nur, weil ich mich darauf einließ und ihn bewusst zuließ. Heute weiß ich, dass nur ich selbst dafür verantwortlich bin, wie ich denke und fühle - Ich selbst bin mein größter Feind oder bester Freund. Und auch du hast die Kraft und Energie in dir, die es zu lenken gilt und es ist wichtig diese Energie nicht gegen dich, sondern bewusst **für dich** einzusetzen. An welchem Punkt du heute auch stehst, nutze den Schmerz bewusst für deine Befreiung und Transformation, verdränge ihn nicht. Lasse ihn zu, komme bewusst in solch einer Situation zur Ruhe und befreie dich von deinen unbewusst limitierenden Gedanken und Gefühlen. Und glaube mir, nichts anderes wünschst du dir mehr, wenn du einmal dieses Gefühl des inneren Friedens verspürt hast.

KAPITEL 4

ERKENNTNIS

In diesem Kapitel erläutere ich dir einzelne Themen und die daraus resultierende Erkenntnisse aus meinem Leben näher, die du zur eigenen **Bewusstwerdung** und damit zur **Selbsterkenntnis** nutzen kannst. Mach dir auch hier bewusst: Alles, was dich in den jeweiligen Passagen **triggert**, sind deine eigenen unbewussten Gedanken und Gefühle.

REDEN UND ZUHÖREN

Das, worüber du erzählst, wovon du berichtest und was du äußerst, sind die Themen, die dich innerlich beschäftigen. Beobachte dich dabei selbst, **wie** du über diese Themen redest, was es in dir für Gedanken und Gefühle auslöst und was sich dadurch in dir selbst und auch bei anderen Menschen verändert. Durch das, **was** du aussprichst kannst du dich selbst erkennen, indem du dir **bewusst** selbst **zuhörst** und dich wahrnimmst. Alles, was du sagst und wie du es aussprichst findet nur in dir und durch dich statt und kann sehr nützlich, aber auch verletzend auf andere Menschen wirken. Hörst du bewusst einem anderen Menschen zu oder sprichst dich bei ihm aus, reflektiere in dieser Situation, was das Erzählte dir oder anderen Menschen nutzt und welchen Gedanken du dabei deine Aufmerksamkeit schenkst und zur Aussprache bringst. Dies kann zu deiner eigenen Bewusstwerdung und Selbstreflektion beitragen.

Schenkst du deine Aufmerksamkeit deinen unbewussten Gedanken, dich darüber zu beklagen, dass andere dir nicht zuhören, stellt dies durch deine Außenwelt einen Trigger dar, denn in diesem Moment hörst dir selbst nicht zu. Schenkst du deine Energie deinen unbewussten Gedanken, der Beschwerde darüber, dass andere zu viel reden, findet auch das nur in dir statt. In beiden Fällen kannst du deine Gedanken und Gefühle erkennen, diese loslassen und zurück zu innerer Zufriedenheit finden. Nehme dich selbst und andere gerade dann ganz bewusst wahr. Wähle alles, was du aussprichst bewusst und bringe es klar und freundlich zur Aussprache, zum Beispiel deine Aufmerksamkeit darauf zu lenken einen anderen Menschen freundlich und klar um etwas zu bitten. Sei dir jedoch stets bewusst darüber, dass **was** du kommunizierst auch eine unbewusste Reaktion in einem anderen Menschen auslösen kann. So kann ein Satz wie: „Na los, lass‘ uns starten." sofort einen Energieschub in demjenigen bewirken.

Denn triggerst du ihn mit deiner Aussage, setzt du in ihm den Gedanken frei, loszulegen, das bewirkt eine Reaktion und führt zu einem dementsprechenden Verhalten seinerseits. Triffst du ihm gegenüber eine Aussage wie: „Du kannst das nicht." oder „Wie willst du das denn machen?" kann dies im Gegensatz zur vorherigen Situation zu einem unbewussten Energiestau in diesem Menschen führen. Denn auch das kann in ihm einen Reiz erzeugen, der sich durch die Reaktion der Resignation in seinem Verhalten widerspiegeln. Sein eigener Verstand blockiert ihn dann unbewusst, da er sich einredet, dass er dies oder jenes nicht kann. In solchen Momenten reagierte ich extrem unbewusst und gereizt und argumentierte gegen den Menschen, da mir nie bewusst war, warum Menschen nicht ihre Träume leben, etwas nicht schaffen könnten, sich selbst sabotierten und nicht das taten, was sie begeisterte und ihnen Freude und Spaß bereitete. In Situationen, in denen andere meine Vorhaben boykottieren wollten, machte ich daher extrem stur, verletzend und aufbrausend meinen Standpunkt klar. Heute verstehe ich, dass all das die reine Unbewusstheit über mich selbst und die Unbewusstheit anderer war und erläutere nun warum du das tun kannst, was dein Herz dir sagt und auch nur dann, wenn du dich dafür öffnest und es von mir hören möchtest. Schlussendlich liegt es an dir, wie du deine Energie nutzt, um deine eigenen Gedanken zur Aussprache zu bringen und du solltest dir darüber im Klaren sein, was du und wie du Aussagen gegenüber dir und anderen Menschen triffst.

VERGLEICHEN

Dich auf keiner Ebene vergleichen müssen –
Das ist pures Sein.

Schenkst du deinen unbewussten Gedanken des Vergleichens deine Aufmerksamkeit, wirst du dich selbst herab- oder heraufstufen und machst dich klein oder fühlst dich besser. Jeder Mensch ist gleichwertig in sich, nur deine unbewussten Gedanken lassen dich diese Wertungen über dich selbst oder andere vornehmen. Vergleichst du dich mit anderen Menschen, erkenne ob du diese Ansichtsweisen bewusst oder unbewusst zu deiner eigenen Wirklichkeit werden lässt. Werde dir klar über deine Gedanken, nehme sie bewusst wahr und stelle dir die Frage, ob du dich mit dem Verhalten des anderen Menschen identifizieren möchtest. Es gibt nur **das Jetzt** und alles, was du jetzt über dich oder andere denkst, findet zu diesem Zeitpunkt in deinem Verstand statt und ist eine Bewertung der äußeren Umstände anderer Menschen, eben wie gut oder schlecht, arm oder reich sie sind. Gelegentlich lerne ich Menschen kennen, die meinen, dass sie besser seien und sich selbst durch die Annahme dieser Gedanken, heraufstufen. Sie lenken ihre Energien in ihren unbewussten Verstand und denken, dass sie durch finanziellen Reichtum und Besitz besser dastünden, als andere. Sie definieren sich über den eigenen Besitz, ihr Geld und beurteilen auch andere nach ihrer Außenwelt. Und manchmal lerne ich die Menschen kennen, die ihre Energie unbewusst darauf lenken sich über finanziell erfolgreiche Menschen zu beschweren und darauf, dass diese sich viel mehr leisten, als sie es selbst könnten. Sie sind es, die andere Menschen durch ihre Außenwelt und deren materiellen Besitz bewerten, diese Beurteilungen finden aber nur in den Gedanken dieser Menschen statt. Sie sind sich ihrer eigenen Gedanken und Gefühle unbewusst und da sie so denken meinen sie, dass das ihre Realität darstelle und so sein muss. Ganz gleich, wie erfolgreich oder arm du bist, wie erfolgreich oder arm andere Menschen sind – all das stellt lediglich die Außenwelt und deine eigene Bewertung dazu dar. Verschaffe dir Klarheit darüber, dass es deine eigenen unbewussten Gedanken sind, die all das so sehen wie sie es sehen. Lasse deine innere Zufriedenheit nicht davon abhängig machen, wie erfolgreich du bist oder wieviel du in deiner Außenwelt besitzt. Werde dir bewusst über die Aufmerksamkeit, die du deinen unbewussten Gedanken des Vergleichens schenkst. Vergleichst du dich, frage dich, ob du die Wahrheit eines anderen Menschen oder deine eigene lebst und komme wieder zu dir selbst zurück. Lerne durch andere Menschen und lasse dich von ihnen inspirieren, aber vor allem mache deine eigenen Erfahrungen, dann brauchst du dich auch nicht mehr vergleichen.

ERWARTUNGEN

Erwartungen zu haben und Erwartungen zu erfüllen, bedingt Schmerz und Unzufriedenheit.

Vielleicht erwarten andere Menschen wie deine Eltern, Kollegen, dein Partner oder Freunde, dass du ein bestimmtes Ziel erreichen oder etwas Bestimmtes aus deinem Leben machen sollst. Womöglich erwarten deine Eltern von dir ein gewisses Studium zu absolvieren, einen gewissen Job auszuführen, einen bestimmten Partner zu heiraten, oder andere gesellschaftliche Normen zu erfüllen, auch wenn dir dein Herz einen anderen Weg vorgibt. Diese Erwartungshaltung anderer verärgert dich innerlich, dennoch erfüllst du sie unbewusst, weil du die Bestätigung oder Anerkennung ersehnst und genügen möchtest. Mache dir an dieser Stelle klar, dass du deine Energie für die Erwartungen anderer einsetzt, um dich durch deine Außenwelt bestätigt zu wissen, anderen zu gefallen, anstatt das zu tun, was dir Zufriedenheit bringt und deiner inneren Stimme zu folgen.

Es gab einen gewissen Menschen in meinem Leben, der Erwartungshaltungen an mich hatte und diese Erwartungshaltungen lösten das unbewusste Gefühl in mir aus, diese erfüllen zu müssen. „Sabrina, du musst doch mitdenken.“; „Sabrina, das geht so nicht.“; „Sabrina, ich erwarte von dir, dass es so läuft.“ Bald schon bemerkte ich meine Unzufriedenheit, hinterfragte mich selbst, nahm meine Gedanken und Gefühle wahr und erkannte was sie mit mir machten – das führte dazu, dass ich keine dieser besagten Erwartungen mehr erfüllte. Doch diesen Erwartungen keine Aufmerksamkeit zu schenken führte dazu, dass dieser gewisse Mensch getriggert wurde – und all die Wut darüber lud er bei mir ab. Da ich mir in diesem Moment bewusst darüber war, konnte ich in dieser Situation in meiner Ruhe bleiben. Ob dieser Mensch sich darin selbst erkannte bleibt fraglich, dennoch ist das der Grund warum ich keine Erwartungen mehr habe oder erfülle. Heute agiere ich selbstbestimmt und bewusst aus mir heraus. Ich zeige Respekt, bin freundlich und höflich, entscheide wann ich etwas tue, mit wem und was. Ich gebe meine Energie nicht mehr der unbewussten Erwartungshaltung hin, dass andere Menschen für mein Leben verantwortlich seien, sondern trage die Verantwortung für mein eigenes Leben und handle selbstlos für andere. Tust du etwas, voll und ganz aus dir selbst heraus, nicht, weil es von dir erwartet wird und forderst du dafür keine Gegenleistung, dann handelst du selbstlos. Probiere dich einmal selbst darin und beobachte, was es mit dir macht: Tue einem Menschen Gutes, ohne dafür eine Gegenleistung zu erwarten und vielleicht einfach gerade deshalb, weil er dich nett darum bittet.

Werde dir einmal klar darüber, wann du erwartest, ob dies notwendig ist, oder ob du eine ungewollte Erwartung erfüllst, denn du bist derjenige, der über seine eigenen Gedanken entscheidet und über seinen eigenen Frieden verfügt. Erwartest du von einem anderen Menschen wieder einmal Pünktlichkeit, Respekt, Freundlichkeit, Liebe, Anerkennung und Dankbarkeit, doch deine Erwartungshaltung gegenüber einem anderen Menschen wird nicht erfüllt, dann kann sich das in Emotionen wie Wut, Aggression oder Frustration in dir bemerkbar machen und auch das bestimmt über deinen inneren Frieden. Erwarte also weder Dankbarkeit, noch Freundlichkeit oder Anerkennung, sei du es stattdessen, der dies in die Welt trägt und übernehme die eigene Verantwortung für die jeweilige Situation. Lasse deine Unbewusstheit der Erwartungen nicht mehr über dich herrschen und du wirst Frieden in dir selbst finden.

DIE ANGST

Du erschaffst dir, bewusst oder unbewusst, durch deine konditionierte Innenwelt deine Außenwelt, du nimmst sie so wahr, wie du selbst denkst und fühlst und so ist es auch mit der

Angst. Denkst du ängstlich und fühlst dementsprechend so, wirst du das auch in deiner Außenwelt wahrnehmen und womöglich lenkst du dann deine Aufmerksamkeit auf die Angst, kein Geld zu haben oder darauf die Angst loszulassen und neue Wege zu gehen, da du dir ungewiss bist, was danach kommt. Hast du Angst vor Aussagen oder Verhaltensweisen anderer Menschen, vor dem Loslassen eigener Konditionierungen, dann tust du das was dir deine Gedanken und Gefühle der Angst vorgeben und lässt sie über deine Freiheit und Zufriedenheit in dir herrschen. Deine generelle Unzufriedenheit kommt daher, dass du weder deine Träume lebst, noch deine Unbewusstheit über die Angst erkennst. Hast du wieder einmal Angst vor der Veränderung, möchtest deshalb nicht ehrlich zu dir selbst sein und sträubst dich mit allen Kräften gegen diese, kämpfst du gegen deine eigene Lebensführung an. All deine unbewussten Gedanken und Gefühle der Angst bereiten dir Schwierigkeiten, dich von deinen Identifikationen zu lösen, die du durch Konditionierung erschaffen hast. Deine Angst davor, loszulassen, und dich in das Vertrauen des Lebens fallen zu lassen, ist so groß, dass du diesen Weg erst gar nicht gehst, denn auch die Angst ist ein Gedanke und erzeugt dazu ein Gefühl und ist oftmals unbewusst und völlig unbegründet. Bei all den Wegen, die ich in meinem Leben einschlug, bei all den Herausforderungen, denen ich mich stellen musste, war Angst mein stetiger Begleiter. Der Angst zu trotzen, mir darüber im Klaren zu sein, dass all diese Gedanken und Gefühle nur in mir stattfanden und nirgendwo anders zu finden waren, ließ mich erkennen und loslassen. Auch wenn mein Herzschlag bis in meinen Kopf zu spüren war, wählte ich den Weg der Angst in das Unbekannte und wurde danach schlagartig in die Lebensfreude katapultiert.

Überwinde diese Angst, lebe deine Träume, lasse los, gehe Veränderungen ein und tue es immer wieder, dann erkennst du, dass genau dies dein Weg darstellt. Furchtlos zu sein bedeutet innere, wie äußere Lebensumstände, Gedanken und Gefühle loszulassen und nach vorne zu blicken. Erkenne, dass du ohne alles zur Welt gekommen bist und genauso gehst du ohne materiellen Besitz. Bestimme selbst, was du aus deinem Leben machst und trage die eigene Verantwortung für deine Entscheidungen und dein Handeln. Verschaffe dir Klarheit darüber, dass dich deine unbewussten Gedanken und Gefühle der Angst davon abhalten all die Fülle zu leben, die für dich in dieser Welt bereitsteht. Um Wohlbefinden, Erfüllung und Frieden mit dir selbst erfahren zu können, werde dir bewusst über diese Angst, denn zufrieden bist du, wenn du dich der Vergänglichkeit nicht widersetzt. Dann ist auch die Angst unbegründet, da sich alles stetig verändert. Alles kommt und geht – gehe einfach mit. Mache dir im jetzigen Moment einmal bewusst, wie du deine Außenwelt erschaffen hast und du kannst diese auch jederzeit wieder ändern. Nehme dich in den Momenten wahr, in denen die Angst aufkommt und, dass du selbst über dein Gefühl der Angst entscheiden kannst. In diesem Loslassen der Angst in das Unbekannte zu gehen, liegt das Vertrauen zu dir und zu deinem Leben.

ALLEINE SEIN

Hast du Angst davor, einsam zu sein oder dich einsam zu fühlen, dann empfindest du kein Urvertrauen zu allem, sondern hast Angst vor dem Loslassen anderer Menschen, Situationen, Besitz und Gegebenheiten. Werde dir bewusst, dass niemand auf dem Planeten Erde alleine ist, nur die Unbewusstheit darüber lässt dich das meinen, du erkennst damit lediglich deine Außenwelt und nicht deine eigene Innenwelt an und spürst nicht die Verbundenheit zu allem und jedem. Schenkst du deinen Gedanken und Gefühlen der Einsamkeit deine Aufmerksamkeit, wirst du einsam sein, denn deine Energie folgt deiner

Aufmerksamkeit. Lenkst du deine Energie weg von der Einsamkeit, schenkst dieser nicht mehr deine Aufmerksamkeit, dann befreist du dich davon und lässt los. Stellst du fest, dass du dich in solchen Momenten der Einsamkeit wieder in deinen Gedanken verlierst und dich einsam fühlst, lasse los und lenke deine Aufmerksamkeit darauf dich für andere Menschen zu öffnen und in dein Leben zu lassen. Auch ich hatte oft Angst davor einsam und alleine zu sein und hielt mich unbewusst fest an Gegebenheiten, Dingen oder anderen Menschen. Das Alleinsein **bewusst** zu wählen und mich dieser Situation völlig hinzugeben, um mich darin selbst zu erkennen, brachte mich dahin, wo ich heute stehe. Und hätte ich durch das Alleinsein nicht losgelassen, wäre dieses Buch niemals entstanden.

Entscheide dich ganz bewusst dafür alleine zu sein, schaffe dir Raum, währenddessen kannst du deine Gedanken und Gefühle erkennen, dich hören, wahrnehmen und ehrlich zu dir selbst sein. Mache diese Gedanken und Gefühle, die dich beschäftigen, für dich fassbar, setze sie frei, befreie dich von ihnen und erkenne die Ausgangsbasis deiner Entscheidungen.

LIEBE UND BEZIEHUNG

Da du von Natur aus ein soziales Wesen bist, sehnst du dich nach einem Miteinander und gehst Beziehungen mit anderen Menschen ein. Beziehungen zu anderen Menschen können bewusst geführt und gelebt werden, denn auch hier können du und dein Partner eure Unbewusstheit durch den jeweils anderen erkennen.

In vielen Beziehungen, die ich kennen lernte und wahrnahm, war das Verhalten der Menschen oftmals ein Gegeneinander, anstatt ein Miteinander und gerade dann stellte ich mir die Frage, warum ein Mensch sich auf eine Beziehung wie diese einließe. Ich lernte Menschen kennen, dir mir offen und ehrlich sagten, dass sie die Beziehung nicht verließen, weil sie nicht alleine sein wollten, oder die Beziehung lediglich durch die eigenen Kinder zusammengehalten wurde. Und dann lernte ich die kennen, die so verzweifelt waren und sich nach Liebe sehnten, dass sie eine Affäre eingingen, obwohl sie in einer Beziehung lebten. Ganz gleich an welchem Punkt du in deinem Leben stehst, mach dir klar, dass all die Gedanken, die du über deinen Partner hast, in dir stattfinden und erkenne, dass ihr die gegenseitigen Trigger erkennen und lösen könnt. Aus einer eigenen Beziehung in meinem Leben lernte ich, dass mich Abhängigkeit und Verlustangst erdrücken können. Das machte mich traurig, wütend und verzweifelt zu gleich – ich wurde getriggert. Und umso weiter ich mich von diesem Menschen entfernte, umso stärker klammerte er – ich sollte fehlende Liebe ersetzen. Auch in einer weiteren Beziehung gab ich bedingungslos, opferte mich auf, um bald zu erkennen, dass ich auch in dieser Beziehung dazu da war fehlende Liebe auszugleichen. Derjenige hat all meine Wut in mir wachgerüttelt und ausgelöst, um meiner eigenen Autorität den Platz zu gewähren und mir bewusst zu machen, dass nur ich selbst die Macht darüber habe zu entscheiden, wem und wie viel ich bedingungslos gebe, ohne mich dabei für einen anderen Menschen aufzuopfern. Durch diese Beziehungen wurde mir erst meine eigene Unbewusstheit der Aufopferung für einen anderen Menschen klar und daraus erkannte ich, dass eine Beziehung dazu da ist der De-Konditionierung zu dienen.

Zur Erkennung und Befreiung aus all deinen Gedanken und Gefühlen, ziehst du Partner in dein Leben, die dieselben Muster und Verhaltensweisen aufweisen, so wie es bei mir der Fall war. Das Universum macht dich auf deine Unbewusstheit aufmerksam, damit du aufwachst und diese darin erkennst. Und machst auch du dir mit deinem Partner durch gegenseitige Trigger eure Unbewusstheit bewusst, könnt ihr euch befreien und loslassen. Es sind **dein** Schmerz, **deine** Gedanken und **deine** Gefühle, die durch eine Trennung oder eine Auseinandersetzung aktiviert und an die Oberfläche geholt werden. Mache dir, während einer Konfrontation oder Auseinandersetzung mit deinem Partner, einmal ganz bewusst was **deine eigenen** Gedanken und Gefühle der Wut mit dir und deinem Partner machen. Verschaffe dir Klarheit **in dir** und komme zur Ruhe, spreche mit deinem Partner darüber und finde mit ihm einen gemeinsamen Weg. Führe eine bewusste Beziehung mit einem anderen Menschen, in der für jeden Partner Raum geschaffen wird und in dem beide oder mehrere Menschen **füreinander** da sind, anstatt unbewusst darunter zu leiden. Lebe bewusste Beziehungen im Einklang mit deiner Lebensführung und anderen Menschen, in denen du trotz deines Partners oder anderer Menschen deinem Herzen folgen kannst und du dich durch die Beziehung zu ihnen nicht selbst blockierst.

Durch meine eigenen Beziehungen lernte ich, dass nur die reine, selbstlose und bedingungslose Liebe aus mir selbst heraus das ist, was wahrhafte Liebe ausmacht. Erkenne auch du durch das Loslassen deiner unbewussten Gedanken und Gefühle, was du für eine Kraft und Energie in dir trägst, und gebe ohne einzufordern oder zu erwarten aus dir selbst heraus. Bist du erfüllt und zufrieden dann liebst du es, zu geben und zu lieben und du gibst, weil du solch eine Lebensfreude in dir verspürst, solch eine Erfüllung und Lebendigkeit, dass du gar nicht anders kannst. Das ist pure Energie, pure Liebe, pures Sein. Werde dir klar über deine eigenen Gedanken und Gefühle und gebe aus Vollkommenheit und Leichtigkeit heraus, ohne dich selbst zu vernachlässigen und ohne unbewusst Liebe zu beanspruchen oder zurückzuverlangen. Nur du bist dafür verantwortlich, wie du mit anderen Menschen und auch mit deinem Partner umgehst. Bist du selbst zufrieden und in Ruhe, dann denkst und fühlst du dementsprechend und dies zeigt sich automatisch in deinem Verhalten gegenüber anderen Menschen. Mache dir an diesem Punkt klar: Möchtest du zufrieden sein und ein Miteinander schaffen, musst du deine Unbewusstheit gehen lassen, um bedingungslos deine Liebe an andere Menschen weitergeben zu können.

SEX

Sex dient dir zur Selbsterkenntnis.

Womöglich ist Sex auch bei dir noch ein schambehaftetes Thema, werde dir an dieser Stelle klar darüber, dass Sex lediglich ein Instinkt ist, durch den es dir ermöglicht wird dich fortzupflanzen und die Spezies Mensch aufrecht zu erhalten. Lebst du Sex noch unbewusst aus, schenkst du deinem Instinkt deine Energie, lässt diesen Überhand nehmen, dann bist regelrecht süchtig danach und brauchst diesen unbewusst - du lässt deinen Trieb über dich herrschen. Lenkst du deine Aufmerksamkeit darauf diesem Thema mit mehr Offenheit und Ehrlichkeit gegenüber zu treten, sowie ein Bewusstsein demgegenüber zu schaffen, kannst du dies auch offen in einer Beziehung kommunizieren. Stelle dir gerade dann bewusst die Frage, ob du regelrecht instinktiv deine eigenen Bedürfnisse befriedigen, oder bewusst deinen Partner und auch seine Wünsche miteinbeziehen möchtest.

Sex in einer Beziehung ist mir wichtig und kann sehr viel Spaß machen, wenn er **bewusst** und in einem **Miteinander** ausgelebt wird. Ich hatte das Privileg einer wundervollen ersten Liebe und wir lebten das Thema Sex bewusst aus, ohne Scham und in grenzenloser Harmonie. In allen folgenden Beziehungen, die ich einging, erlebte ich dieses Gleichgewicht vorerst nicht. Es gab Partner, die interessierten sich nur für ihre eigenen instinktiven Bedürfnissen und es gab die, die durch mich getriggert wurden und erkannten, dass Sex auch bewusst und in einem Miteinander gelebt werden kann. Dann waren diejenigen in meinem Leben, die meinten, dass sie dem Sinnbild eines Mannes entsprechen müssten: Stark, männlich und dominant zu sein, denjenigen machte ich ihre eigenen unbewussten Gedanken klar und nur das brachte ihnen den eigenen Frieden. Die meisten von ihnen ließen sich jedoch bewusst darauf ein, mit mir den Weg des ausgeglichenen Zusammenspiels zu gehen und erkannten durch das Loslassen ihrer eigenen Unbewusstheit, dass dieser Weg es ihnen erst ermöglichte, ganz andere Sphären zu betreten, jenseits aller instinktiven Gedanken und Verhaltensweisen.

Hast du mit deinem Partner Sex, macht euch beide bewusst welche Gedanken und Gefühle der Scham oder des Schmerzes in euch aufkommen, gerade dann kommen sämtliche Themen ans Tageslicht. Besprecht diese offen und ehrlich miteinander und erkennt, dass ihr es jeweils selbst seid, die sich all diese Gedanken einreden. Lasst diese gehen und genießt in Ausgeglichenheit, Offenheit und in Ruhe zu euch das Zusammenspiel. Sei dir klar darüber, dass nur du entscheidest, ob unausgesprochene Gedanken der Scham oder des Schmerzes währenddessen über dich herrschen, oder du diese mit deinem Partner offen und ehrlich besprichst, sie loslässt und deinen Frieden finden kannst. Denn die eigene Einsicht darüber Sex bewusst in Harmonie und Spaß auszuleben, ist ein Privileg, das nur dir als Mensch gegeben ist.

SELBSTSTÄNDIGKEIT UND UNTERNEHMERTUM

Denkst du, du musst dich selbstständig machen oder Unternehmer werden, um frei zu sein und lenkst deine Aufmerksamkeit auf deine Gedanken, durch eine Selbstständigkeit frei sein zu können, versuchst du aus einem unbewussten Gedanken heraus in deiner Außenwelt etwas zu verändern, um frei zu sein. Das ist mit innerlichem Druck und Stress verbunden. Freiheit ist in dir vorhanden, dazu musst du weder deine Außenwelt verändern, noch eine Selbständigkeit antreten, auch dann, wenn du unbewusst glaubst eine Selbständigkeit gründen zu müssen oder dich längst darin gefangen fühlst, bringt das dir **nicht** die ersehnte Freiheit.

Auch ich versuchte, aus dem Gedanken heraus frei sein zu können, mit Druck und Stress ein Unternehmen mit einem Partner zu gründen. All das scheiterte, da dies mit einem unbewussten Gedanken, nicht aber mit meinem eigenem Lebensfluss verbunden war. Das Resultat daraus waren körperliche Beschwerde, Konfrontationen, Stress und Druck und all das ließ mich mehr leiden, als dass es mir meinen inneren Frieden brachte. Schlussendlich ließ ich den Gedanken ein Unternehmen zu gründen los und fand wieder zu innerer Ruhe. Ein anderes Beispiel aus meinem Leben war die Übernahme des Unternehmens meiner Eltern. Wieder und wieder sagte mir eine leise Stimme, dass dies nicht mein Weg sei, doch ich hörte nicht darauf. Bald bekam ich körperliche Beschwerden, da ich meine Unbewusstheit über die Situation nicht erkannte und das Ergebnis daraus war der Besuch sämtlicher Ärzte, einem CT und chinesischer Heilmedizin. Letztendlich lagen die körperlichen Beschwerden nicht an meiner Gesundheit selbst, sondern an meinen unbewussten Gedanken daran es übernehmen zu müssen. Die Übernahme erschien mir wie eine Last, die mich innerlich Energien in mir anstauen ließ und durch die ich mich unbewusst selbst zerstörte. Jeglicher Besuch bei Ärzten scheiterte, um meine körperlichen Beschwerden zu mildern und stellte mich letztendlich vor die Frage: Sabrina, was macht dich eigentlich so richtig glücklich? Daraufhin teilte ich meinen Eltern mit, dass ich das Unternehmen nicht übernehmen und in die Berge ziehen werde. Von ganz alleine verschwanden durch das Loslassen meine körperlichen Beschwerden und dies setzte neue Energie frei, die mich zurück zu mir brachte und heilte. Ein Beweis dafür, dass das Leben den Menschen durch Schmerz in die Knie zwingt, wenn er nicht hinhört und sich durch den eigenen Schmerz erkennt. Eine Selbstständigkeit oder ein Unternehmen entwickelt sich auf deinem Weg von alleine, wenn du aus dir heraus das tust und dich selbst verwirklichst, mit dem was dir Freude bringt – ohne Druck, ohne Stress. Dagegen bringt alles, was du aus einem unbewussten Gedanken heraus tust oder weil andere es verlangen, Unzufriedenheit, Niedergeschlagenheit, Frustration, Druck und Stress mit sich, da es nicht deiner Lebensführung entspricht.

Möchtest du dich selbstständig machen, oder ein Unternehmen gründen handle auch hier ganz bewusst und werde dir klar darüber, was dich aus dir heraus erfüllt. Nur das bringt dir die ersehnte Leichtigkeit und Freude an der Sache. Lenkst du deine Aufmerksamkeit darauf eine Selbstständigkeit zu gründen, um frei zu sein, mache dir eines klar: Freiheit ist nur in dir vorhanden und nicht in einer Selbständigkeit zu finden. Deine innere Zufriedenheit, all deine Talente und Gaben liegen fernab von Gedanken und Gefühlen, erst dann handelst du intuitiv und deine Außenwelt richtet sich entspannt danach aus. Veränderst du deine Außenwelt, um dich dadurch innerlich gut und frei zu fühlen, ist dies nur mit Schmerz und Leid verbunden. Denn du kämpfst gegen deine eigene Natürlichkeit an und erschaffst nicht von innen nach außen, sondern meinst durch eine Selbstständigkeit in deiner Außenwelt dich in dir frei und gut zu fühlen. Warum nicht jetzt erst deine Unbewusstheit erkennen, zu dir selbst in deinen Frieden kommen, erkennen, was dein wahrhaftiger Weg darstellt und dann von innen nach außen erschaffen?

Kurz: Selbstständigkeit und Unternehmertum ist innere Arbeit, keine Äußere. Denn bist du frei in dir, erschaffst du dir aus dir heraus auch deine Freiheit in deiner Außenwelt. Und nur das bringt dir die wahrhaftig ersehnte Freiheit, Klarheit, Leichtigkeit und deinen Frieden.

GELD

Erfolg hat nichts mit Geld zu tun, sondern mit dem Mut loszulassen.

Spielt Geld eine entscheidende und mächtige Rolle für dich, dann erkenne, dass Geld weder gut noch schlecht ist, es ist ein Mittel zum Zweck. Identifizierst du dich damit, sowohl im Reichtum als auch in der Armut, prägt es in beiden Fällen deine Unbewusstheit. Beides schafft oftmals Leid, der Reichtum bedingt und giert nach dem Füllen deiner eigenen konditionierten Leere und die Situation des Mangels schafft Angst und Druck in dir. Schenkst du den Gedanken an deine Armut deine Aufmerksamkeit – zum Beispiel der Angst vor einer Rechnung oder die Sorge, am Monatsende kein Geld mehr zu haben – wirst du weiter in diese Mangelspirale hineingezogen. Du lebst in diesem Augenblick im Mangel, wirst dies auch durch deine Verhaltensweise äußern und deine Außenwelt und deine Zukunft richten sich dementsprechend darauf aus. Verspürst du bei dem Gedanken an Geld ein Mangelgefühl oder generell ein Unbehagen, solltest du deine Aufmerksamkeit davon abziehen und in die Ruhe zu dir kommen. Deine Energie folgt deiner Aufmerksamkeit und wenn du deine Aufmerksamkeit wieder auf die Konditionierung des Mangels legst, wirst du weiter im Mangel leben, da du gerade an Mangel denkst, anstatt jetzt in deiner Zufriedenheit zu sein und das zu tun, was notwendig ist, um dem entgegenzuwirken. Glaubst du finanziell erfolgreich sein zu müssen, um glücklich und zufrieden zu sein, legst du deine Energie in die Gedanken des Geldverdienens. Auch in diesem Fall möchtest du aus einem Mangel heraus deine Außenwelt verändern. Du erkennst nicht, dass Zufriedenheit und glücklich zu sein bereits in dir sind, sondern meinst mehr Geld haben zu müssen, um dich dadurch glücklich zu fühlen. Hegst du weiter die unbewussten Gedanken daran mehr Geld und Reichtümer zu haben, dann passiert es, dass du durch Gier immer mehr haben und dich durch materiellen Besitz immer mehr füllen möchtest. Du prahlst mit deinem Besitz, um die Bestätigung und Anerkennung anderer zu bekommen, um dich dadurch gut zu fühlen und erkennst auch hier nicht, dass kein Besitz in deiner Außenwelt dich glücklich machen wird. Du lebst dann weder in deiner Zufriedenheit noch von innen nach außen, und erkennst durch deine Unbewusstheit nicht, dass du in Hochmut und Gier in deiner Außenwelt nach noch mehr Besitz verlangst und nur die Leere in dir damit zu füllen versuchst.

Erkenne hierin deine Unbewusstheit und sei dir klar darüber, wie du und für was du dein Geld einsetzt. Es bringt dir nichts, gegen all diese unbewussten Gedanken und Gefühle als solches anzukämpfen, sondern sie dir ausschließlich bewusst zu machen, die Aufmerksamkeit davon abzuziehen und die Energie in deine Ruhe zu lenken. Wenn du ehrlich zu dir selbst bist, all den Mangelgedanken und -gefühlen, sowie der Gier danach noch mehr haben zu wollen keine Aufmerksamkeit mehr schenkst und das sogar aussprichst, um loszulassen, wird diese Konditionierung keine Energie mehr bekommen und verschwinden. Komme zur Ruhe, erkenne deine Gedanken und mache sie dir in vollem Umfang bewusst. Du erkennst schlichtweg den jetzigen Moment nicht mehr, da deine Unbewusstheit dich in deinen Gedanken verharren lässt noch mehr haben zu wollen. Doch erkenne, dass der **jetzige Moment** das Einzige ist, was du **wirklich besitzt**.

Geld ist Nebensache, ein Mittel zum Zweck und weder gut noch schlecht. Wenn du dir das bewusst machst, erkennst du, dass alles eins ist und Geld kommt, wenn du das tust, was dich erfüllt.

Es geht weder darum, kein Geld zu haben, noch geht es darum, nicht finanziell erfolgreich zu sein oder umgekehrt, bescheiden zu leben. Es geht nicht darum, nichts zu tun, sondern das zu tun, was dich erfüllt. Nur das wird durch deine Lebensführung angewiesen und stimmt dich in dir zufrieden. Es ist nicht wichtig, ob du angestellt oder selbstständig bist, oder ob du ein Unternehmen führst, es geht primär darum, etwas zu tun, weil es dir aus dir selbst heraus Freude bereitet. Mein eigenes Vorhaben, eine zweite Selbstständigkeit mit Druck aufzubauen, ist durch körperliche Beschwerden gescheitert, auch dieses ließ ich wieder fallen. Kurz darauf lernte ich den Partner kennen, mit dem ich zusammen ein Unternehmen gründen wollte, auch da sah es mit dem eigenen Druck in mir enorm, jedoch mit Geld eher mau aus. In dem Moment, als ich beide Situationen verließ und erkannte, was ich wirklich kann – das Wissen aus diesem Buch anderen Menschen weiterzugeben – kam auch das Geld. Wege, die ich vorher in meinem Leben einschlug, Leben, die ich durchlebte und meine eigenen Erfahrungen, führten mich dahin wo ich heute stehe. Und glaube mir, all das hat nichts mit Geld zu tun, sondern mit dem Mut Loszulassen. Mache dir klar, dass Geld ein Mittel zum Zweck ist und du es dafür einsetzen kannst, wofür du es benötigst, um all deine Träume in Zufriedenheit zu leben und dabei weder deine unbewussten Gedanken, noch deine Gefühle über dein Leben entscheiden zu lassen. Entscheide ganz bewusst aus dir heraus, ob du deinen Gedanken an Geld deine Aufmerksamkeit schenkst und sie über deinen inneren Frieden bestimmen lässt, oder erkennst, wofür du es wahrhaftig einsetzen kannst.

MOTIVATION

Eine Extrinsische Motivation zu brauchen, heißt, dass du in deiner Außenwelt etwas benötigst, dass dich motivieren soll - ein Video, ein anderer Mensch der dich antreibt, oder andere

Hilfsmittel. Sei es, weil du dadurch unbewusst meinst weiterzukommen, dein Leben zu meistern oder, um erfolgreich oder einfach nur besser zu werden. Du lebst auch hier von außen nach innen und schenkst deinen unbewussten Gedanken des Brauchens von Motivation die Aufmerksamkeit, um dich motiviert zu fühlen. Im Gegensatz dazu wird deine eigene intrinsische Motivation automatisch hervorgerufen, wenn du das tust, was dir Freude bringt, du deiner Lebensführung folgst und dein Talent oder deine Gabe lebst. Dann benötigst du die Motivation deiner Außenwelt nicht mehr, da du deine eigene Motivation in dir selbst freisetzt. Alles, was mich in diesem Moment erfüllt ist, diese Zeilen zu schreiben und das absolut und eigenhändig aus mir selbst heraus. Nur das schafft eine intrinsische Motivation in mir, denn ich tue das, was mein Lebensweg mir sagt und brauche dazu niemanden, oder ein anderes Hilfsmittel, um mich hierdurch motiviert zu fühlen. Es kommt einfach aus mir heraus und ist unabhängig von einer äußerlichen Motivation. Benötigst du einmal wieder Motivation, dann mache dir bewusst, dass das dein Verstand ist der nach Motivation sucht. Lenke deine Aufmerksamkeit in die Ruhe zu dir selbst, erkenne, ob du diese extrinsische Motivation wirklich benötigst und werde dir bewusst darüber, was dein eigentlicher Lebensweg darstellt und setze hiermit deine eigene intrinsische Motivation frei.

ZIELE

Wenn du denkst du findest deine Bestimmung, indem du dir feste Ziele setzt, dann suchst du deine Bestimmung durch deine Ziele in deiner Außenwelt und nicht in deiner Innenwelt. Gerade dann mache dir einmal bewusst, dass du glaubst ein Ziel zu erreichen, würde deine Zufriedenheit darstellen, du meinst, dass du am Ziel dann glücklicher seist oder dass dich dieses Ziel zufrieden stimmt, anstatt **jetzt** zu sein, zu **tun** und aus dir selbst heraus in Zufriedenheit zu **leben**. Entstehen deine Ziele aus einem unbewussten Mangel heraus, werden sie dich niemals erfüllen, du denkst dann, dass das Erreichen eines Ziels dir Klarheit und innere Ruhe bringt. Kurz darauf brauchst du schon ein weiteres Ziel und wieder ziehst du los und suchst nach dem nächsten großen Ding, um das Gefühl zu verspüren, etwas Sinnvolles erreicht zu haben. Deine Gedanken lassen dich meinen, dass du Ziele brauchst, um zufrieden zu sein, um dich zu erfüllen und wieder das Gefühl zu fühlen, etwas erreicht zu haben. Deine Unbewusstheit treibt dich an, ein Ziel schnell zu erreichen, das lässt sich daran erkennen, dass du ständig in der Umsetzung bist, um dadurch Zufriedenheit zu erlangen. Diese Zufriedenheit liegt **bereits in dir**. Mache dir auch hier wieder klar, dass es einen Unterschied darstellt, ob du unbewusst ein Ziel mit Druck und Stress erreichen möchtest oder jetzt einen Traum, einen Wunsch manifestierst und ins Handeln kommst. Lenke deine Aufmerksamkeit **bewusst im Jetzt** auf das, was dich begeistert und interessiert, das wird in der Zukunft dazu führen, dass du ein Ziel verwirklichst oder dir einen Traum erfüllst. Komme ins Tun und lenke deine Aufmerksamkeit und deine Energie auf das, **was ist**, folge deinem eigenen Lebensfluss und handle danach.

In dem Moment als ich erkannte, dass ich das Unternehmen meiner Eltern nicht übernehmen werde, fiel mir eine Last von den Schultern. Obwohl ich ihnen von meinem Vorhaben noch gar nicht berichtet hatte – ließ ich innerlich schon los. Ich fühlte mich in dem Moment frei und sorgenlos, mein Körper entspannte sich ganz von alleine und ich kam zur Ruhe. Endlich erkannte ich mich selbst, schob meine Gedanken beiseite und in dem Moment wurde mir klar, dass mir alle Türen offenstanden und ich tun und lassen konnte, was ich wollte. Das war pure Freiheit und zu diesem Zeitpunkt hätte ich nicht gedacht, dass ich in die Berge ziehen und als Iglu Guide oder auch als

Surflehrerin auf Fuerteventura arbeiten würde. Ich erkannte all diese Chancen zum Zeitpunkt „**jetzt**“ und nutzte sie, dachte nicht darüber nach, ob es gut oder schlecht, richtig oder falsch ist. Ich setzte meinen Verstand als Werkzeug ein, um diese Leben zu organisieren und zu leben. Hätte ich mir nach dem Verlassen des Unternehmens Ziele gesetzt, dass ich in fünf, zehn oder 15 Jahren da oder hier sein möchte, hätte ich mich wieder eingeschränkt und limitiert. Die einzige Frage, die mir damals in den Sinn kam war: Wie kann ich mit Sport und in der Natur mein Leben bestreiten? Ich tat einfach das, was mein Leben mir vorgab, folgte meiner Intuition und zog in die Berge. Stelle nun dir einmal selbst die Frage: Was passiert, wenn ich loslasse und keine Ziele mehr habe? Wenn ich im Hier und Jetzt lebe und nicht mehr meinen Verstand entscheiden lasse, was richtig oder falsch ist. Wenn ich mich für Wahrhaftiges öffne, für das, was das Universum für mich als richtig erachtet.

Nehme deine Gedanken und Gefühle wahr, lasse sie gehen und dich in dein Urvertrauen fallen, führe dein Leben mit Entspannung und Gelassenheit. Lebe im Hier und Jetzt und vertraue darauf, dass alles zum richtigen Zeitpunkt in dein Leben tritt und tue intuitiv das, was getan werden muss, im jetzigen Moment mit Hingabe zu dem, was deine Aufgabe darstellt. So, wie ich diese Zeilen bewusst mit Hingabe an den Moment für dich schreibe, tue ich im **jetzigen Moment** das, was mein Leben mir sagt und nicht das, was mein Verstand mir vorgibt zu tun – zum Beispiel ein Ziel zu setzen das Buch morgen fertig zu stellen. Ich lebe somit wachsam im Moment und handle, wie es mir bestimmt ist, nur das schafft mir die innere Zufriedenheit. Ich denke nicht an das, was sein soll oder war, sondern konzentriere mich auf das, **was ist** und **vertraue**. Ich setze meine Aufmerksamkeit und damit meine Energie daran, dir in diesem Moment ganz bewusst zu erklären, wie der Moment mit Hingabe an seine Aufgabe erkannt und umgesetzt werden kann. Es liegt nur an dir, wie und wofür du deine Energie verwendest, denn niemand weiß, was sich dein Leben überlegt, aber dein Verstand wird es immer wieder schaffen dir Geschichten zu erzählen, unbewusst Ziele zu setzen und dich von der jetzigen Aufgabe abhalten. Erlange Klarheit über deinen Verstand, dann weißt du auch, wie du mit ihm umzugehen hast, nutze ihn als Werkzeug und lasse dich nicht mehr von ihm ablenken und steuern.

MANIFESTIEREN

Manifestieren ist ein Mittel zum Zweck und dafür da, deine Aufmerksamkeit darauf zu richten, deine Wünsche durch deine Außenwelt erfüllt zu bekommen. Lenkst du deine Energie darauf durch deine Vorstellungkraft der Visualisierung und des Aufschreibens dir einen Wunsch, einen Partner oder materiellen Besitz zu erfüllen, kann auch das mit einem Füllen durch die eigene Außenwelt verbunden sein. Mein eigenes Leben bestand schon früh aus Manifestieren. Schon in jungen Jahren erstellte ich mein erstes Visionboard und einige Jahre später folgten weitere. Damals war mir weder bewusst, was ich da tat, noch das all das 15 Jahre später in Erfüllung gehen würde. Einer weiteren unbewussten Manifestierung schenkte ich die Aufmerksamkeit, als ich mir einen Partner wünschte, um nicht alleine zu sein und tatsächlich schrieb ich auf ein DIN A5 Blatt all das auf, was ihn ausmachen sollte und fügte ein Bild hinzu, das ich im Internet fand. Ein paar Wochen später erhielt ich von einem Bekannten einen Anruf, ich sollte mich mit einem Freund von ihm treffen und kannst du dir vorstellen wer es war? Genau. Die Beschreibung auf dem Zettel wich nur leicht davon ab, wie er tatsächlich auch war – selbst das Bild sah ihm verblüffend ähnlich. Bis heute macht mir diese Tatsache klar und führt mir bewusst vor Augen, dass es viel größere Kräfte gibt, als unser Verstand zu glauben vermag, dass durch die eigene Vorstellungkraft alles möglich ist und gerade **das** unsere Lebensführung darstellt. Werde dir klar darüber, was du manifestieren möchtest, ob du es bewusst tust, oder es aus einem Mangel heraus passiert, denn spätestens, wenn der Wunsch eintritt und du erkennst, das auch dies dich nicht zufrieden stimmt, merkst du das auch Manifestieren nur ein Mittel zum Zweck ist und dem Füllen deiner eigenen Unbewusstheit dient.

KONTROLLE UND SICHERHEIT

Nichts wird an dir vorbeigehen, was zu dir gehört
und nichts verschafft dir mehr Leid, als etwas
festzuhalten, das nicht für dich bestimmt ist.

Hast du das Bedürfnis nach Kontrolle und Sicherheit und möchtest alles kontrollieren, in Sicherheit wissen und festhalten, dann soll oder darf sich für dich nichts verändern oder anders gemacht werden. Werde dir dieser unbewussten Gedanken bewusst, die Druck in dir schaffen, da du dich mit einem altbewährten System, einem Menschen oder deinem Besitz identifizierst und nichts und niemanden verlieren oder loslassen möchtest. Das ist keine Freiheit, sondern eine Einschränkung dir selbst und deinem Leben gegenüber. Schenkst du deinen Gedanken der Kontrolle und Sicherheit deine Aufmerksamkeit, dann betrachtest du nur deine Außenwelt, willst diese festhalten und erkennst dabei nicht deine eigene Innenwelt. Fütterst du deine unbewussten und klammernden Gefühle und Gedanken an den Besitz in deiner Außenwelt mit Energie, halten sie dich davon ab deiner Lebensführung zu folgen, denn diese Selbstkontrolle und den dadurch erzeugten Druck in dir versuchst du durch das Festhalten zwanghaft aufrechtzuerhalten. Auch ich versuchte unbewusst alles in meinem Leben unter Kontrolle zu bringen und in Sicherheit zu wissen, ob das Geld oder Besitz war. Vor allem aber versuchte ich mein eigenes Wesen zu kontrollieren, denn meine intuitive Verhaltensweise und meine Aussagen, die ich Menschen gegenüber traf, setzten ihre unbewussten Gedanken und Gefühle frei – sie wurden getriggert. In jeder Situation, in der ich Menschen durch mein Sein triggerte, dachte ich, dass ich das Problem sei, reagierte rebellisch und störrisch, verurteilte mich selbst dafür und versuchte mich unter Kontrolle zu bringen. Jahrelang versuchte ich mich zu kontrollieren, zu unterdrücken und nicht mehr so zu sein, wie ich nun mal bin. Heute weiß ich, dass ich nichts und niemanden kontrollieren kann und will, schon gar nicht mich selbst, denn all das schafft Leid und Druck in mir. Schenkst auch du deinen Gedanken des Kontroll- und Sicherheitszwangs in deiner Außenwelt, oder dir selbst gegenüber deine Aufmerksamkeit, mache dir bewusst, dass du nichts und niemanden kontrollieren oder festhalten kannst, ohne dabei ein Gefühl des Drucks und Zwangs in dir zu fühlen, lasse los, komme zur Ruhe und befreie dich aus diesem Leid, dass du dir selbst in dir erschaffst.

PERFEKTIONISMUS UND HERAUSFORDERUNGEN

Perfektionismus und Herausforderungen in deinem Leben können ebenso wie das Kontrollbedürfnis Leid in dir verursachen. Beobachtest du dich einmal selbst bei kleinsten Fehlern, die du zwangsläufig machst, können dich unbewusste Gedanken zur eigenen Selbstverurteilung und zu Selbstzweifeln führen. Mache dir in solch einer Situation ganz bewusst, wie du mit der Bewertung deiner Fehler durch deine Gedanken und Gefühle zu dem Moment umgehst, denn diese Fehler, die du machst, lassen dich deine Unbewusstheit dem Neuen gegenüber erkennen. Um nicht ehrlich zu dir selbst sein zu müssen und dich durch die Erfahrung zu erkennen, wagst du es oft nicht, dein Vorhaben in die Tat umzusetzen, denn deine Unbewusstheit lässt dich glauben und erdenken, es sei noch nicht perfekt und was noch nicht perfekt sei, dürfe auch nicht begonnen werden. Lenkst du in diesem Fall deine Aufmerksamkeit bewusst auf deine Gedanken und erkennst diese, kannst du inneren Frieden finden und die Fehler, die aus der Situation entstanden, für das eigene Wachstum nutzen. Es sind **nur deine** Gedanken, die den Fehler bewerten und dich ständig dazu treiben etwas noch besser, akkurater oder genauer machen zu müssen. Werde dir auch an diesem Punkt klar darüber, dass lediglich die Sorgen deiner eigenen Gedanken und Gefühlswelt dich zurückhalten, stetig weiterzumachen.

Eine Herausforderung ist so schwer,
wie sie dir in dem Augenblick zu sein scheint.

Mein Leben stellte mich schon vor so einige Herausforderungen. Hätte ich über jeden Schritt, den ich machte, über jeden Fehler und über jedes Vorhaben, dass mir mein Herz vorgab, nachgedacht oder diese boykottiert, könnte ich dir jetzt nicht in diesen Zeilen über meine Erkenntnisse daraus berichten. Weißt du, dass du lieber deinem Herzen, als deinem Verstand folgen würdest, du dagegen alles erdenkst und der Angst den Vortritt lässt, dann glaubst du, dass die Situation schwer zu sein scheint – du resignierst, denn dein Verstand blockiert dich. Lenkst du deine Aufmerksamkeit darauf, eine Situation oder Herausforderung zu bewerten, wie leicht oder schwer, perfekt oder unperfekt sie ist, dann schenkst du all diesen Bewertungen deine Energie. Die Situation ist von sich aus weder gut noch schlecht, richtig oder falsch, gut oder böse. Sie ist einfach zu dem Zeitpunkt so wie sie ist. Die Bewertung darüber tätigt ausschließlich dein eigener konditionierter Verstand und daher ist eine Herausforderung immer so schwer, wie du sie selbst einschätzt.

Erlange Klarheit darüber, dass all diese Gedanken und Bewertungen **nur in deinem** Verstand stattfinden, und mache dir bewusst, dass du loslassen kannst – dann bist du frei. Denke nicht erst darüber nach, ob du deine Träume in die Tat umsetzen sollst, sondern handle intuitiv und nutze dabei deinen Verstand als Werkzeug. Alles ist in stetiger Veränderung und alles kann sich verändern. Belastet dich eine Situation, wenn du versuchst, perfekt zu sein oder fehlerfrei zu handeln, ist dies eine Last, die du dir durch deine eigenen Gedanken und Gefühle selbst auferlegst. Vergleichst du dich in deinem Perfektionismus stets unbewusst mit anderen Menschen, da diese augenscheinlich besser, erfolgreicher oder hübscher zu sein scheinen, erkenne auch hier, dass all das nur in deinen eigenen Gedanken und Gefühlen passiert.

WISSEN UND ERFAHRUNGSWISSEN

Träume zu leben, ist mit Erfahrungswissen verbunden. Daher gibt es meiner Beobachtung nach einen Unterschied zwischen reinem Wissen anderer Menschen, das du dir zum Beispiel durch Bücher oder Videos aneignest, und dem eigenen Erfahrungswissen, das du durch eigene Erfahrungen erlangst. Wissen anderer Menschen ist bereits überall zu finden. Es kommt hierbei darauf an, wann du welchem Wissen deine Aufmerksamkeit schenkst und für dein Vorhaben einsetzt. Eigene Erfahrungen zu machen, bedeutet das Leben zu leben, auszuprobieren und deiner Lebensführung zu folgen, etwas nicht nur zu wissen, sondern durch die eigene Umsetzung zu erleben. Ganz gleich welchen Menschen du auf deinem Weg begegnest oder welche Situationen du durchlebst, du kannst dich durch all die Situationen selbst erkennen. Es ist wichtig, nicht nur nach dem Wissen anderer zu suchen, sondern deine Gedanken und Gefühle durch Wachsamkeit darin zu erkennen, dich im Wissen anderer zu reflektieren, zu dir zurück zu finden und das Vorhaben auszuprobieren und zu erfahren, ob dies dein eigener Weg sein kann. Jeder Mensch macht seine eigenen Erfahrungen und das Wissen eines anderen Menschen muss nicht deinem entsprechen. Eine gewisse Zeit waren Bücher mein ständiger Begleiter, ich verschlang sie regelrecht und beschäftigte mich mit vielen unterschiedlichen Themen über das Leben, dennoch erkannte ich mich hauptsächlich durch die eigenen Erfahrungen. Alles, was mich triggerte, triggerte mich dann, wenn ich die eigene Erfahrung tatsächlich durchlebte und nur das stillte meine Neugier. Liest auch du mal wieder ein Buch, mache dir bewusst, ob du das Wissen eines anderen als deine eigene Wahrheit annimmst, ob du es zur Freude liest, oder/und ob du deinen eigenen Weg durch eigene Erfahrungen gehst. Stelle dir bewusst die Frage: Sammle ich nur Wissen anderer oder auch mein eigenes Erfahrungswissen?

VERTRAUEN UND URVERTRAUEN

Bestimmt hast auch du schon Sätze gehört wie: „Dem kannst du nicht vertrauen“, oder „Vertrauen muss verdient sein.“ Vertrauen ist durch diese Aussagen an eine Bedingung geknüpft und an eine unbewusste Bewertung gegenüber einer Verhaltensweise anderer Menschen. Mache dir die folgende Situation einmal klar: Schenkst du diesen unbewussten Gedanken deine Aufmerksamkeit und glaubst, wenn ein anderer deine Bedingung erfüllt, du erst vertrauen könntest, oder umkehrt, kann dich das unzufrieden stimmen, wenn diese Bedingungen nicht bestätigt werden. Unbewusstheit darüber ist der Grund, warum du denkst, dass du Vertrauen verdienen musst oder geschenkt bekommst. In meinem eigenen Leben kamen mir oft Zweifel, ob ich dies oder jenes schaffen könne, ob ich meinem eigenen Leben oder auch anderen Menschen vertrauen könne. Heute weiß ich, dass das Vertrauen in mein eigenes Leben das Einzige ist, das mir Frieden und Zufriedenheit verschafft. Alles andere sind ausgemalte Bilder meines Verstandes, die mich zweifeln und beurteilen lassen. Das ist auch der Grund, warum ich heute niemals mehr an meinem Leben zweifle und das tue wonach mir der Sinn steht, denn ich vertraue. Ich löse mich immer wieder von jetzigen Gegebenheiten, Identifikationen, Orten und Menschen und schaue voraus ohne zurückzublicken. Ich bin mir bewusst, dass das mein Leben darstellt, vertraue auf das Neue, folge dem Unbekannten, bin neugierig und liebe es neue Erfahrungen zu sammeln. Nur durch meine Klarheit darüber, dass alles in meinem Leben zu mir kommt, was zu mir kommen soll, durch intuitive Taten und dem Vertrauen meinem Leben gegenüber, fand ich meinen inneren Frieden. Werde auch du dir klar darüber, ob du weiterhin deinen Gedanken die Energie schenken möchtest Vertrauen zu verdienen und Vertrauen von anderen zu erwarten, oder in dein eigenes Vertrauen zurückkommst – in die Ruhe mit dir selbst. Erkennst du dich in einer besagten Situation, werde dir klar, dass es deine Gedanken sind und akzeptiere deine Lebensführung mit voller Hingabe an dein Tun. Du wirst erkennen, dass du kein Vertrauen brauchst. Schenke dir selbst deine Aufmerksamkeit und öffne dich für das Unbekannte – für das, was du nicht weißt und nicht wissen kannst. Erkenne den Raum hinter deinen Gedanken und Gefühlen, sei grenzenlos und entdecke im jetzigen Moment durch deine Wachsamkeit, was intuitiv getan werden muss. Erst dann bist du im Urvertrauen angekommen und nimmst wahr, dass alles bereits in dir vorhanden ist. Forderst du Vertrauen von anderen Menschen oder meinst diesen nicht vertrauen zu können, mache dir bewusst, welchem Vertrauen du deine Aufmerksamkeit schenkst: Deinen unbewussten Gedanken darüber Vertrauen zu bekommen oder zu schenken, oder dem Urvertrauen deines eigenen Lebens?

FOKUSSIERT UND WACHSAM SEIN

Energie in dir wird gelenkt.
Das muss dein Verstand nicht verstehen.

Erkennst du deine eigenen Gedanken und Gefühle und verstehst, wie du diese loslassen kannst, kommst in dein Urvertrauen zurück, dann entfachst du innere Energien, die es zu lenken gilt. Denn Energien, die nicht mehr unbewusst in deinen Verstand oder in deine Gefühle fließen, werden freigesetzt. Werde dir klar darüber, wie du deine Energien einsetzt: Bist du fokussiert im Moment und nutzt diese ausschließlich für die Umsetzung **einer** gewissen Aufgabe, bist du in eigener Anspannung und setzt alle Energie daran, diese Aufgabe zu erledigen. Du verlierst dich selbst in der Umsetzung und nimmst weder deine Außenwelt, noch deine eigene Innenwelt wahr. Bist du im Gegensatz zum Fokussierten Sein wachsam im Moment und nimmst nicht nur deine Aufgabe, sondern auch alles in dir und um dich herum wahr, bist du im Moment der Wahrnehmung und wachsam allem gegenüber. Um entspannt und in eigener Zufriedenheit zu sein, nehme dich selbst in jeder Situation und in jedem Moment wahr und erkenne dich in den Momenten, in denen du fokussiert und wie in einem Tunnel deine Aufgabe ausführst. Komme zu dir selbst zurück und sei gerade dann ganz wachsam im Hier und Jetzt und beziehe auch alles andere um dich und in dir selbst mit ein. Verteile deine Energie bewusst, entspanne dich und finde deine Balance. Führe deine Aufgabe entspannt und mit Hingabe zum jetzigen Moment aus und sei dir klar darüber, was du denkst, wie sich dein Körper anfühlt und was in deiner Außenwelt gerade passiert. Ertappe ich mich selbst dabei, wie ich in Anspannung eine Aufgabe ausführe, komme ich zu mir zurück, entspanne mich und finde dadurch zur Ruhe, die zur Erfüllung meiner Aufgabe so wichtig ist. Dann bin ich wieder in meiner eigenen Balance. Setzt auch du wieder etwas in die Tat um, nehme dich selbst während der Ausführung der Aufgabe wahr, ob du fokussiert und in Anspannung diese Aufgabe erledigst oder deine Energie bewusst verteilst, um der Anspannung entgegenzuwirken.

BEWUSSTE ENTSCHEIDUNG VS. INTUITIVE HANDLUNG

Wenn du dir des gegenwärtigen Augenblicks bewusst bist, wenn du dir über all deine Gedanken, deine Gefühle und dein Verhalten im Klaren bist, dann erkennst du auch die Momente, in denen du nicht bewusst eine Entscheidung treffen musst, sondern automatisch und intuitiv handelst. Triffst du eine bewusste Entscheidung, denkst du erst darüber nach, wägst ab und entschließt dich dann für einen Weg. Handelst du intuitiv, dann gehst du einfach und denkst nicht darüber nach, ob der Weg, die Idee oder das Vorhaben richtig oder falsch, gut oder schlecht ist, du weißt einfach, dass es dein Weg ist. Das sind meiner Ansicht nach die besten Wege, denn diese führen dich durch Abenteuer, zu deinen Träumen und zurück zu dir selbst. Handelst du intuitiv, dann tust du dies in Klarheit aus dir selbst heraus und aus vollem und reinem Herzen.

Das Familienunternehmen zu verlassen, war eine ganz bewusste Entscheidung und mit viel Kopfzerbrechen und Nachdenken verbunden. Das zu tun, was mir Freude brachte, in die Berge zu ziehen und als Outdoor Guide zu arbeiten, verriet mir mein Herz – ich handelte intuitiv ohne zu Wissen oder groß darüber nachzudenken, ob dies richtig oder falsch, gut oder schlecht war und all das schien leicht und einfach. Doch dort auch zu bleiben und nicht wieder den Rückweg anzutreten, war eine bewusste Entscheidung, denn auch dieser Schritt war mit dem Loslassen meiner eigenen Gedanken und Identifikationen an die Vergangenheit verbunden. Deutet dein Herz daraufhin, deiner Intuition zu folgen, tue es, probiere dich aus und lasse los, ohne darüber nachzudenken, ob dies gut oder schlecht ist, richtig oder falsch. Die bewusste Entscheidung den Weg auch weiterzugehen, kannst du dann auch später noch für dich treffen.

KAPITEL 5
FREIHEIT

ABENTEUER PLANET ERDE

Es gibt zahlreiche Möglichkeiten dein Leben auf dem Planeten Erde zu gestalten, dich wiederholt neuen Situationen auszusetzen, Herausforderungen zu stellen, dich bewusst triggern zu lassen, um deine limitierenden Gedanken- und Gefühlsmuster zu erkennen und loszulassen. Du besitzt die Möglichkeit, die Welt zu bereisen, zu entdecken, zu erkunden, unterschiedliche Menschen, Bräuche, Kulturen und Sprachen kennenzulernen. Öffne dich für Neues, anstatt dich in der eigenen jetzt sichtbaren Außenwelt zu limitieren. Setze, durch das Loslassen deiner jetzigen Limitierungen und Lebenssituation, Energien frei, um dich neuen Herausforderungen zu stellen. Gehe jenseits des eigenen Luxus auf längere Reisen, setze dich neuen Gegebenheiten und Lebensumständen aus und öffne dich für die Grenzenlosigkeit des jetzigen Momentes. Lerne andere Kontinente, Orte, Länder und Kulturen, andere Sprachen, Gebräuche und Menschen kennen. Lerne ihre Denkart kennen, wie sie fühlen und sich verhalten, öffne dich durch diese Erkenntnisse für dich selbst und erkenne hierdurch deine eigenen Limitierungen. Erkenne, wie wenig du bis dahin wusstest und wie groß gleichzeitig dein möglicher Horizont ist.

Ich verbrachte drei Monate in einem Waisenhaus in Kenia, studierte in Florida, einer der reichsten Bezirke der USA und war viel auf Reisen quer durch die USA, durch Europa, Asien und Australien. Auf all meinen Reisen stellte ich mir oft die Frage, warum Menschen finanziell arm sind und andere in finanziellem Überfluss lebten. Ich fragte mich, warum die Menschen so unterschiedlich erscheinen und stellte fest, dass es daran lag, wie sie dachten, fühlten, wo sie aufwuchsen und dadurch zu sein schienen. Diese Erfahrungen und daraus resultierenden Ansichtsweisen, brachten mich dazu mich stetig weiter für neue Sichtweisen und Meinungen zu öffnen. Schlussendlich erkannte ich, dass die Außenwelt eines Menschen dadurch bestimmt wird, wie er sie selbst sieht und wahrnimmt und – bewusst oder unbewusst – auch so erschafft. Seine Außenwelt wird dadurch bestimmt woran er glaubt, was seine Gebräche darstellen, was die Gesellschaft ihm vorgibt zu sein und wie er sich selbst und andere sieht. Sagt dir dein Herz, dass es Zeit ist auf Reisen zu gehen, dann tue es. Deine Lebensführung schenkt dir diesen Weg, um dich zu öffnen und all die Schönheit der Welt zu entdecken, dich in all den Facetten des Lebens zu erkennen. Stürze dich in die Abenteuer, die es zu entdecken gilt und mache dir klar, dass es ausschließlich einen Moment in deinem Leben gibt, den es in Fülle zu leben gilt und der ist **jetzt**.

RUHE UND NATUR

Möchtest du bewusst erkennen, welche Gedanken und Gefühle, Träume, Wünsche, Talente oder Gaben du hast und wo du deine Energie hinlenken sollst, ist es zunächst wichtig zur Ruhe kommen. Ruhe kann dich dazu befähigen, alles auszublenden, dir deiner selbst bewusst zu werden und dir auf diese Weise Klarheit über deine eigenen Gedanken und Gefühle zu verschaffen. Fragst du dich, wie das gehen und woher du dir die Zeit nehmen sollst, unter all dem Stress und Druck auch noch Zeit für dich aufzubringen, mach dir klar, dass du deinen unbewussten Gedanken der Ausreden die Aufmerksamkeit schenkst, anstatt alles loszulassen und zur Ruhe zu kommen. Jede Situation ist stets so stressig, wie du sie dazu machst und beurteilst, weil du unbewusste Erwartungen erfüllst, oder ständig meinst tun zu müssen, um zu genügen und anerkannt zu werden.

Um zur Ruhe zu kommen ist die Natur eine gute Hilfe, sie absorbiert negative Energien und schafft Klarheit, sie wertet nicht über dich, sondern **ist** einfach. Erkennst du deine eigene Natur und Lebensführung in dir nicht mehr an, wird dich die Ruhe der Natur triggern und gerade das soll dir ein Zeichen geben dich zu erkennen und Ruhe in dir zu finden. Schenke dann deinen Gedanken und Gefühlen keine Energie mehr, sondern der Ruhe zu dir, höre auf deinen Körper und was er benötigt. Ziehe dich bewusst und alleine in die Natur zurück, um deinen inneren Frieden in dir zu erkennen und zu dir selbst zurückkommen. Sie ist ein Heilmittel, um Stress, Druck und Last von dir zu nehmen, öffne dich für sie und schaffe Ruhe und Balance in dir. Spüre die Kraft einer Welle im Meer, nehme den Wind auf dem Gipfeln eines Berges wahr, beobachte einen Greifvogel in seiner Eleganz im Wind segeln, nehme den Geruch des Waldes von Tannen und Holz wahr oder verfolge einen glasklaren Bergfluss, wie er sich durch massive Felsen schlängelt – nehme diese wert- und urteilsfreie Power und Kraft der Natur in dir auf und erkenne, dass diese Kraft auch in dir wahrzunehmen ist. Das stellt die größte Demut und Ehrfurcht vor deinem eigenen Leben dar und dieser Zustand liegt fernab all deiner Gedanken und Gefühle. Die Natur hat auch mich zu mir selbst zurückgebracht und ist für mich das größte Geschenk des Lebens.

Alleine in die Berge zu gehen, auf den Berggipfeln zu stehen, die Kraft einer Welle beim Surfen zu spüren, einen Greifvogel in seiner ganzen Pracht über den Baumwipfeln seine Kreise ziehend zu beobachten oder in einen glasklaren Bergsee einzutauchen, darin liegt für mich die pure Freiheit und Lebensfreude. Fange auch du an dich durch die Natur kontinuierlich und bewusst wahrzunehmen und schon bald brauchst du dich nicht mehr bewusst dazu entschließen, zur Ruhe zu kommen, sondern gelangst automatisch an diesen Punkt. Diese Gelassenheit und den eigenen inneren Frieden deiner eigenen Natur zu spüren, ist das größte Geschenk deines Lebens und möchtest du – einmal erkannt – nie wieder missen.

MEDITATION

Siehst du Meditation als eine Methode an, die dir weder hilft deine Gedanken auszuschalten, noch dich selbst zu erkennen, versuchst du zu verstehen oder zu wissen, warum du meditieren sollst und wie Meditation überhaupt geht, mache dir klar, dass dies deine unbewussten Gedanken sind, die dir das vorgeben. Jeder unbewusste Gedanke an Meditation, ist eine Ausrede deines Verstandes und hält dich davon ab zur Ruhe zu kommen – ganz gleich wie das aussehen mag. Erkennst du dich in all diesen Aspekten wieder, erkennst du, dass der Umstand Meditation dich triggert. Dein Verstand hält dich auch hier davon ab, zur Ruhe zu finden. Werde dir an dieser Stelle bewusst: Wenn du deine Aufmerksamkeit auf die Gedanken lenkst, die dir sagen, dass Meditation nichts für dich ist, Langeweile schürt oder dir nicht bei deiner Selbsterkenntnis oder deinem Frieden helfen kann, lass sie los und finde zu dir zurück, dann bist du bereits mit dir im Frieden. Aussagen zu dem Wort Meditation gab es genug in meinem Leben: Einige sagten, man könne nur zu bestimmten Zeiten meditieren, andere behaupteten, dass Meditationen im Gehen oder Stehen am besten seien, oder dass man nur in bestimmten Posen meditieren könne. Ich traf Menschen, die meditierten, ohne zu wissen, warum sie meditierten, und einige verstanden nicht einmal, was Meditation bedeutet. Während eines Telefonats mit einem Menschen, der anstrebte finanziell erfolgreich zu werden, erfuhr ich, dass dieser meditierte. Auf die Frage hin, warum er dies tat, wusste er mir gegenüber nur eine Gegenfrage: „Weil man das doch so macht, oder nicht?" Hier tat ein Mensch etwas, weil andere das sagten, ohne zu hinterfragen, warum Meditation, innerlich zur Ruhe kommen, überhaupt hilfreich sein kann. In solch einer Situation stelle ich mir selbst die Frage: Wer ist „man"?

Meditation ist der Zustand des wachsamen Seins
in jedem Moment des Lebens.

Gibst du deinen Gedanken die Macht darüber, was sie über die Tatsache der Meditation alles behaupten, schenkst du ihnen deine Energie, wirst du auch weiterhin denken, dass „man" das ja so macht und weder wahrhaftig verstehen, wozu Meditation dich befähigen kann, noch zur Ruhe finden. Möchte dein Verstand in dieser Ruhe etwas verstehen, erreichen oder finden, erkenne, dass du abermals deinen Gedanken die Aufmerksamkeit schenkst und du deine Energie im Verstand vergeudest. Dich und deine eigenen Gedanken zu erkennen stellt die Tatsache dar, dir gegenüber in jedem Moment des Lebens wachsam zu sein. Jeder Moment des Lebens kann als ein meditativer Zustand erkannt werden, da Meditation den Zustand des **wachsamen Seins** in **jedem Moment** des Lebens verkörpert. Ziehe also deine Energie aus deinen Gedanken ab und lasse sie los, schenke dem jetzigen Moment deine volle Aufmerksamkeit, nehme wahr, was um dich und in dir selbst passiert und finde so zur Ruhe. Versuche weder zu verstehen, was Meditation ist, noch deinen Frieden dadurch zu erreichen, erkenne ihn **jetzt in dir** selbst an und lasse los. Meint dein

Verstand mal wieder alles erzwingen zu wollen, sei wachsam dir selbst und deinem gesamten Leben gegenüber, vertraue auf deine Lebensführung und, dass alles kommt, wenn du wachsam im Moment bist.

GESUNDHEIT

Dein Körper kann sich selbst heilen, wenn die Energie durch Selbsterkenntnis durch dich fließen kann. Bleibst du, ohne Ablenkung durch deine Außenwelt, in der Ruhe, wirst du bald deine Gedanken zur Ruhe bringen, da du ihnen keine Aufmerksamkeit mehr schenkst. Das setzt Energien frei und lässt dich erkennen, dass du diese für dich und deinen Körper nutzten kannst. Zwingen dich körperliche Beschwerden oder eine Krankheit in die Knie, hat dies mit deiner Innenwelt zu tun. Sei in diesem Fall wachsam dir selbst gegenüber, komme zur Ruhe und heile deinen Körper, indem du bewusst und sorgsam deine Energie auf den Bereich deines Körpers lenkst, der die Heilung benötigt. Malaria, Ohnmacht, Schwindel und andere infektiöse Krankheiten zwangen mich zur Ruhe zu kommen, und mich wirklich wahrzunehmen. In diesen Situationen hatte ich keine Energie mehr dafür an irgendetwas oder irgendjemanden in meiner Außenwelt zu denken. Mir war klar, dass mein Leben mir etwas mitteilen wollte und mich dadurch zur Ruhe zwang – Raus aus meinen Gedanken und Gefühlen, hin zu mir selbst. Darin erkannte ich schnell, dass Krankheiten ein Weckruf sind, um mich selbst zu hören. Leidet dein Körper an einer Krankheit, oder hast du körperliche Beschwerden, gib ihm die nötige Ruhe und Energie, um ihn zu heilen.

Auch eine ausgewogene Ernährung ist Bestandteil eines vitalen und gesunden Lebens, denn auch aus ihr schöpft dein Körper die Kraft zur Heilung. Nimmst du mehrere Mahlzeiten am Tag und hierdurch mehr Nahrung auf, als du benötigst, hast du zu viel Energie, die im Körper angelegt wird und nicht mehr für dich, sondern gegen dich arbeitet. Dein Körper ist dann mit der ständigen Verdauung beschäftigt und benötigt all deine Energie, das macht sich durch Trägheit und Müdigkeit in deinem Körper bemerkbar. Der Abstand zwischen den Mahlzeiten ist essenziell, um Energien frei fließen zu lassen und diese nicht ausschließlich zur Verdauung zu verwenden, sondern zur Umsetzung deiner Aufgaben. Bist du unzufrieden mit dir und suchst du nach einem Ausgleich durch Essen, lenke deine Aufmerksamkeit auf dich selbst, um dich darin zu erkennen und das Bedürfnis nach Ausgleich als solches loslassen zu können. Dieser Drang nach Essen ist ein eigener Kreislauf, da du dich selbst nicht wahrnimmst oder wahrnehmen möchtest. Mache dir in solch einer Situation bewusst, **was** du denkst und **wie** du dich in dem Moment fühlst, wenn der Drang zu essen besonders groß ist, lasse diesen Drang los und komme zur Ruhe. Werde dir bewusst und nehme wahr, **was** und **wie viel** du täglich zu dir nimmst und was dein Körper benötigt, damit er die Leistung erbringt, die du dir wünschst. Verzehrst du nur eine oder zwei Mahlzeiten am Tag dafür größere Portionen, hast du über den Tag verteilt mehr Energie, da sie nicht mehr für die ständige Verdauung benötigt wird.

Zu Zeiten im Unternehmen meiner Eltern, nahm ich drei bis vier Mahlzeiten am Tag zu mir, heute esse ich eine große Mahlzeit täglich. Benötige ich mehr Energie, da ich körperlich tätig bin, nehme ich noch eine zweite Speise zu mir. Nehme auch du dich bewusst wahr und mache dir klar, was und wieviel dein Körper braucht, was dir guttut und wann du deine Mahlzeiten zu dir nimmst, um deine Energie richtig einsetzen zu können. Ganz gleich, wann, was oder wie viel du isst, finde für dich eine bewusste Balance, die dir und deinem Körper Wohlbefinden bringt.

KÖRPERLICHE BEWEGUNG UND WOHLBEFINDEN

Körperliche Bewegung ist kein Zwang deines Verstandes, sondern eine bewusste Energielenkung aus der Freude heraus.

Dein Energiezentrum befindet sich im Bauchraum und all deine Energie nimmt dort ihren Ursprung. Verteilst du deine Energie nicht richtig, oder lenkst sie nicht bewusst, führt das zu einem Energiestau in den Gelenken, kann zu Unbeweglichkeit, Gewichtszunahme, sowie zu Bauchschmerzen und einem aufgeblähten Darm führen. Glaubst du jedoch, dass du dich bewegen musst, um abzunehmen oder fitter zu werden, ist das meist mit Last und Stress verbunden. Der Gedanke an all das führt zu Druck in deiner Innenwelt und du verbindest Bewegung oder Sport mit einem Zwang. Nehme dir die folgende Frage als Aufgabe vor: Welcher Sport macht mir Spaß und welche körperliche Betätigung begeistert mich? Finde es heraus und probiere dich darin aus. Ganz gleich welche Sportart du wählst, ob Yoga, Fitness, Spaziergänge, Kraft- und Ausdauersport, Radfahren, Natursport oder Tanzen. Folge deinem Interesse, entdecke all die Möglichkeiten, finde heraus, was dich begeistert und was eher einen Zwang für dich darstellt. Bewegst du dich aus eigenem Interesse heraus, weil du merkst, dass es dir guttut, Vergnügen und deinem Körper Wohlbefinden bringt, machst du gerne Sport und lenkst deine Energie bewusst für dich, anstatt im Zwang gegen dich. Ich selbst habe mich zum Beispiel für Tennis, Basketball, Fitness-, Kraft- und Kampfsport, Mountainbike fahren, Ausdauersport und Tanz interessiert. Heute lebe ich ausschließlich den Natursport, bin gerne in den Bergen oder im Meer zum Surfen unterwegs. Den Ausgleich dazu finde ich im Yoga und durch regelmäßiges Stretchen, um die Leichtigkeit meines Körpers nicht zu verlieren. Eine Massage und ein Saunabesuch runden das Gesamtbild ab, dienen der Reinigung und schenken meinem Körper Wohlbefinden. Bei jeder Sportart, bei allem, was du tust, halte deine Energie im Körper in Balance. Betreibst du viel Kraftsport, oder bewegst deinen Körper gar nicht, sammelt sich deine Energie in den Gelenken an und führt durch diese körperliche Anspannung zu Steifheit und Unbeweglichkeit. Verteile durch Yoga oder Stretchen sorgsam deine Energie im Körper, lasse ihn zur Ruhe kommen und Energie frei durch deinen Körper fließen. Probiere dich in verschieden Sportarten aus und schenke deinem Körper durch Saunabesuche und Massagen Wohlbefinden.

GENUSS UND BALANCE

Alles in Maßen, anstatt in Massen.

Sprichst du dir eigene Verbote oder Regeln aus wie: „Ich darf keine Süßigkeiten essen.“; „Ich darf keinen Alkohol trinken.“; „Ich muss mindestens acht Stunden schlafen.“, dann sprichst du dir diese aus, um dich in eine bestimmte Richtung zu zwingen. Du lenkst deine Aufmerksamkeit auf das Verbot und leidest darunter, dir selbst Regeln aufzuerlegen, um anderen zu gefallen, ihnen zu entsprechen oder den Schein in der Gesellschaft zu wahren. Das schafft Druck in dir, ist eine Identifikation mit einem Verbot und schenkt deiner Unbewusstheit die Energie. Erkenne dich darin, schaffe dir deine Balance im Genuss für dich selbst und entscheide bewusst darüber zu genießen. Schlafe so lange, wie es deinem Körper gerade genügt und mache dir klar, was dir guttut und was nicht. Werde dir über folgende Frage bewusst: Warum soll ich zwanghaft etwas tun oder unterlassen? Konsumiere weder in Massen, noch enthalte dir etwas ganz vor, verspürst du Lust nach Genuss – warum nicht? Genieße bewusst und ohne ein schlechtes Gewissen hinterher.

Hinterfrage dich selbst und reflektiere deine Gedanken in allen Bereichen deines Lebens: Deinem Schlafpensum, deiner Nahrungsaufnahme, deiner körperlichen Aktivität, deiner inneren Wünsche und Träume, wie du denkst und fühlst – all das, was zu dir gehört und dich als Mensch ausmacht, und erkenne, dass du es selbst bist der alles durch sich verantwortet und wahrnehmen kann.

Genieße in Balance, anstatt in Abhängigkeit oder geregelter Enthaltsamkeit.

ZEIT UND DAUER

Du besitzt weder Zeit noch hast du sie. Zeit ist das, was du jetzt gerade in diesem Moment aus deinem Leben machst.

Lenkst du deine Aufmerksamkeit auf deine unbewussten Gedanken, dann wünschst du dir, der Tag hätte 48 Stunden, da du unter solchem Stress stehst, dass du aus dem eigenen Tun gar nicht mehr rauskommst und meinst mehr Zeit zu benötigen, um viele Dinge gleichzeitig zu erledigen. Verschwendest du deine Energie mit unnützen Dingen und Gedanken, oder lenkst sie darauf dich zu beschweren, dass die Zeit einfach mal wieder nicht vergeht. Dann sitzt du in Situationen fest, aus denen du gerne ausbrechen und fliehen würdest. Du lebst in den Tag hinein und vergeudest deine Zeit, anstatt sie bewusst zu nutzen und zu leben. Du wartest auf den richtigen Zeitpunkt, um eine Entscheidung zu treffen, oder möchtest deine Zeit effektiv nutzen. Eines ist bei all dem ganz gewiss: Du machst dir über das Wort **Zeit** so viele Gedanken und setzt dich emotional so stark damit auseinander, ohne dir darüber klar zu sein, dass es nur das **Jetzt** gibt. Sei dir bewusst, dass du weder Zeit hast, noch sie besitzt. Zeit ist das, was du jetzt gerade in diesem Moment aus deinem Leben machst.

Kalender und Termine verursachten in mir enormen Druck und Stress, da ich mein Leben nach meinen Gedanken ausrichtete und nicht nach dem, was zu dem jeweiligen Moment durch mich selbst und meine Lebensführung gemacht werden muss. Termine und Aufgaben abzuarbeiten und danach zu leben, hielt mich stets in eigener Anspannung und eigenen Gedanken gefangen. Erledigte ich die eine Aufgabe, konzentrierte ich mich im nächsten Schritt schon auf weitere. Ich war nicht wachsam mir selbst und dem jetzigen Moment gegenüber, sondern nur darauf konzentriert diese Termine hinter mich zu bringen. Heute bin ich mir bewusst darüber, dass das Leben, eine Situation, ein Gespräch, eine Sache so lange dauert, wie sie dauert, ohne mir darüber den Kopf zu zerbrechen, dass ich schnell weitermuss, oder irgendwo schnell ankommen will.

Machst du dir Gedanken über deine Zeit, erkenne das auch das ausschließlich in deinem Verstand stattfindet und ein Konstrukt dessen ist. Wie lange etwas dauert und wann etwas in deinem Leben eintritt, ist im natürlichen Lebensfluss ungewiss. Bist du der Ansicht, du könntest alles kontrollieren oder sogar erzwingen, ist das ein unbewusster Gedanke. Möchtest du alles in deinem Leben durchplanen, wann und zu welchem Zeitpunkt etwas gemacht werden muss oder sollte, ist auch das ein unbewusster Gedanke und mit Druck in dir selbst verbunden. Werde auch du dir bewusst über deinen Zeitplan, all deine Termine, die dein Kalender dir vorgibt, nutze ihn **bewusst für**, aber nicht gegen dich und lasse keinen Termin oder Kalender über deinen inneren Frieden herrschen.

Nimm das Leben nicht so schwer, nichts ist für immer.

GEDULD

Möchtest du irgendwo schnell ankommen oder etwas schnell erreichen, weil du hoffst, dort oder damit glücklich zu sein, schenkst du deinen unbewussten Gedanken der Ungeduld deine Aufmerksamkeit. Das ist mit Druck und Entmutigung deines eigenen unbewussten Verstandes verbunden. Ich war sehr oft ungeduldig, konnte vieles nicht abwarten, war ganz nervös und kam hierdurch nie zur Ruhe. Mein Verstand hat mir eingeredet ich müsse noch mehr tun, um noch schneller oder besser zu werden. Ich erkannte nicht, dass ich meinen eigenen Verstand über meinen inneren Frieden herrschen ließ. Bist auch du deiner eigenen Ungeduld verfallen und erkennst dich in solch einer Situation, mache dir diese Gedanken bewusst, lasse sie los, entspanne dich, vertraue darauf, dass alles zum richtigen Zeitpunkt in dein Leben tritt und du intuitiv handelst, dann wenn es das Universum für dich in deinem Lebensfluss als richtig erachtet.

Nichts wird an dir vorbeigehen, was zu dir gehört.

HOFFNUNG UND VERANTWORTUNG

„Die Hoffnung stirbt zuletzt."; „Ich hoffe einfach darauf, dass es besser wird."; „Ich hoffe, dass das andere machen."; Oder: „Ich hoffe die Verantwortung übernimmt jemand anderes als ich." Hoffst du weiter und übernimmst nicht die eigene Verantwortung für dein Leben, erkennst nicht deine Unbewusstheit darin, lässt du automatisch andere Menschen oder Situationen über dein Leben entscheiden, denn zu hoffen, dass sich etwas in deinem Leben ändert ohne selbst durch dich die Veränderung zu sein, stellt keine bewusste Lebensweise dar, sondern ist mit reiner Unbewusstheit verbunden. Hofft jeder Mensch darauf, dass andere Menschen Änderung herbeiführen, wird nie Änderung stattfinden. Dann hoffen alle nur und keiner übernimmt Verantwortung für das, was er denkt, wie er fühlt, wie er sich anderen gegenüber verhält. Verschaffe dir Klarheit über folgendes: Schenke weder deinen unbewussten Gedanken der Hoffnung deine Aufmerksamkeit noch der Hoffnung auf besseres Wetter, ein besseres Leben, eine bessere Beziehung, oder darauf, dass ein Zweiter den Konflikt für dich löst. Erkenne deine Unbewusstheit darin, lasse auch diese Gedanken der Hoffnung los und setze dich für dein eigenes Leben und das anderer ein. Klammere dich nicht an die Hoffnung, um dich nicht verloren zu fühlen oder dich deiner Lebensaufgabe zu stellen, mache dir klar, dass du alleine dein Leben gestaltest, und übernehme auch die Verantwortung für dein Leben. Entscheide ob du weiter hoffst und auf Veränderung in deiner Außenwelt wartest, oder ob du bewusst und entschlossen deine Energie in die eigene Umsetzung steuerst, dich selbst hinterfragst und dein eigenes Leben in die Hand nimmst, um damit durch dich und für das Kollektiv eine Veränderung in Frieden herbeizuführen.

FREIHEIT IM KOLLEKTIV

Du trägst die Verantwortung für das gesamte Kollektiv. Zu hoffen, dass sich etwas ändert, ohne dich selbst zu verändern, bedeutet Stillstand.

Jeder Mensch ist gleichwertig und ein Teil des Kollektivs. **Jeder** muss bei sich selbst anfangen und sich erkennen, um eine Veränderung herbeiführen zu können und nur wenn sich jeder Einzelne dieser Herausforderung stellt, kann eine gesamtheitliche Veränderung geschaffen werden. Deswegen braucht es nicht nur dich, sondern alle. Beschwerst du dich darüber, dass das Schulsystem geändert werden muss, die Politik an allem schuld sei, Gesetze und Systeme erneuert werden müssten, alles in deiner eigenen Außenwelt geändert werden muss, dann erkenne, dass das deine unbewussten Gedanken darstellen. Glaubst du, dass alle anderen daran Schuld seien, dass es dir oder der Gemeinschaft schlecht gehe, bist du es selbst der dies denkst. Denkst du, du müsstest alles zu deinen eigenen Gunsten im Außen verändern, ohne dich selbst zu hinterfragen und zu erkennen, dass du es bist, der automatisch ein Teil zum Gesamten beiträgt, lässt du dich freiwillig durch deine Unbewusstheit fremdbestimmen und gibst anderen die Schuld für deine Lebensumstände. Du bist mit deiner Unbewusstheit derart stark mental und emotional verbunden, dass du der Außenwelt und anderen Menschen die Schuld gibst, obwohl der Kern der Herausforderung **in dir selbst** liegt. Erkenne, dass du deine eigene Gedanken- und Gefühlswelt, die du in dir trägst, zu deinen eigenen Lebensumständen machst und stetig zu Leid in dir und automatisch zu Leid in deiner Außenwelt führt, du äußerst dich anderen gegenüber, so wie du denkst und dabei fühlst. Triffst du Aussagen wie: Ich kann die Welt doch eh nicht ändern.; oder: Ich bin nicht dafür verantwortlich, dass etwas geändert wird, dass müssen andere tun.“, sind auch das deine unbewussten Gedanken, denen du deine Aufmerksamkeit schenkst. Mache dir bewusst, dass du jederzeit deine eigenen Lebensumstände ändern kannst, wenn du erkennst, dass diese Gedanken des Beschwerens und Verurteilens deine inneren Umstände schaffen. Werde dir an diesem Punkt klar über folgende Fragen: Wo beginnt Veränderung und wie kann ich meine Außenwelt wahrhaftig verändern?

Erkenne dich in all dem, sei ehrlich zu dir selbst und entscheide dich dafür in einem friedlichen Miteinander zu leben. Leistest du diesen Beitrag für dich selbst, leistest du diesen von innen nach außen und erkennst was dir wirklich die eigene Zufriedenheit bringt. Erschaffe durch deine Innenwelt deine Außenwelt, beginne bei dir selbst und trage die Verantwortung für die Zufriedenheit im Kollektiv. All das musst du nicht einmal lernen, du musst lediglich ehrlich zu dir selbst sein und akzeptieren, dass du es kannst.

Freiheit ist dort, wo du nicht hinschaust.

Du bist wahrhaftig frei, wenn du dich selbst erkennst – fernab von deiner Außenwelt, deinen Gedanken und deinen Gefühlen. Nimm wahr, dass Freiheit, Leichtigkeit, Erfüllung, Lebensfreude, Vollkommenheit, Furchtlosigkeit, Glück und innere Zufriedenheit längst in dir vorhanden und nicht in deiner Außenwelt zu finden sind. Versuche weder deine Freiheit zu erreichen, noch sie in deiner Außenwelt zu suchen. Mache dir stattdessen bewusst, dass sie schon **in dir** steckt. Nutze deinen Verstand und deine Gefühle bewusst **für** dich, erkenne das beides ein Teil von dir ist und dich als Menschen ausmacht.

Es ist Zeit, dass du aufwachst, nur so kann Zufriedenheit und Freiheit in dir und in der Welt entstehen. Jenseits dessen, was du meinst zu sein, zu denken oder zu werden – fernab von Verstand und Gefühlen, von allem Guten und Bösen, Raum und Zeit und der Vorstellungen, die sich dein Verstand ausmalt. Erkenne die Ruhe und Zufriedenheit in dir an, lass dies deine Außenwelt bestimmen, mit Liebe zum Leben und zum jetzigen Moment. Versuchst du jedoch weiterhin dein Leben zu verstehen, entgleitet es dir und schafft in dir Unzufriedenheit, denn deine Gedanken blockieren dich durch das Verstehen wollen automatisch. Das Leben ist Chaos, versuche es erst gar nicht zu verstehen, lebe danach, denn der Sinn des Lebens ist zu **sein** und **jetzt** zu leben.

Bist du im Schmerz und in der Unzufriedenheit mit dir und lässt Groll, Druck und Stress dein Dasein bestimmen, erschaffst du eine Welt aus Schmerz und Leid. Lebst du friedvoll und ruhend in dir, verwirklichst deine Träume und tust bewusst das, was dir Freude und Vergnügen bringt, erschaffst du eine Welt voll von Inspiration und purer Lebensfreude und darin liegt deine Freiheit. Welchen Weg du auch wählst: Beide bestimmen das Leben im Kollektiv.

Wie sieht deine Wahrheit aus und in welcher Welt möchtest du leben?

NACHWORT

Im Nachwort gehe ich auf die Unterschiede bezüglich der Bewusstseinsebenen des Menschen ein.

Ein unbewusster Mensch lebt nur durch seine Außenwelt, das heißt, er nimmt ausschließlich das wahr, was in seiner Außenwelt passiert. Das stellt dann seine einzige Realität dar. Er reflektiert weder seine Gedanken noch seine Gefühle, konzentriert sich auf alles, was seine Außenwelt zu bieten hat und auf diese Weise verfällt er seiner konditionierten Unbewusstheit. Er füllt sich durch seine Außenwelt und macht seine äußeren Lebensumstände zu seinem Leben. Dieser Mensch möchte gerne andere verändern und bewertet alles, was nicht seiner Wahrheit entspricht. Er lässt Dinge und Menschen nicht sein, wie sie sind, sondern macht seine Außenwelt verantwortlich für seine innere Unzufriedenheit.

Ein bewusster Mensch erkennt seine äußeren Umstände und kann seine problematische Verhaltensweise und Lebensumstände durch seine Gedanken und Gefühle wahrnehmen. Beide nimmt er durch die Trigger anderer wahr und kann sich dadurch reflektieren. Er weiß, dass er auf seinem Lebensweg ist, doch wird auch er noch von unbewussten Gedanken und Gefühlen beherrscht und getriggert. Er weiß, dass er durch die Veränderung seiner Innenwelt eine Veränderung in seiner Außenwelt schaffen kann, doch dafür muss er sich immer wieder sein unbewusst erschaffenes Selbstbild bewusst machen.

Ein Mensch, der sich im vollen Seinszustand, im höchsten Bewusstsein zu seinem Leben und allen anderen Lebewesen befindet, ist ein erwachter Mensch. Er lebt im Moment, jenseits von Zeit oder äußeren Umständen und ruht in sich. Er denkt, fühlt, spricht und handelt intuitiv aus dem Moment heraus, er erkennt seine Gedanken und Gefühle und weiß, dass es eine größere Kraft gibt als diese, die den Menschen unbewusst blockieren. Er ist sich bewusst darüber, dass er einen Körper hat, dieser jedoch nicht ist. Er spürt die Energie anderer, ist wachsam im Moment und erkennt die Unbewusstheit in dieser Welt. Er ist klar mit sich, handelt aus seiner Intuition heraus und lässt andere Menschen und Situationen sein, wie sie sind, denn er weiß, dass alles im Lebensfluss ist. Er ist furchtlos, will sich weder erklären noch rechtfertigen und weiß, wohin er seine Aufmerksamkeit lenkt und kann seine Energie für sich und für andere Menschen bewusst einsetzen. Er weiß, dass unnütze Gedanken und unnötiges Aufregen Zeitverschwendung sind und widmet sich stattdessen den schönen Dingen des Lebens und ihrer Vollkommenheit im ewigen Jetzt. Er ist einfach und lebt seine Freiheit durch sich, ganz gleich, was in seiner Außenwelt passiert.

DANKSAGUNGEN

Einen herzlichen Dank richte ich an meine Eltern und meinen Bruder, die mir immer zur Seite stehen und für mich da sind. Ebenso geht der Dank an Florian Höper, die Lektoren Markus und Corinne und die Korrekturleserin Mareike, die mich tatkräftig bei der Bearbeitung dieses Buches unterstützt haben.

Mona Høvring, geboren 1962 in Norwegen, begann ihre schriftstellerische Laufbahn als Lyrikerin. Seit 1998 erschienen zahlreiche Gedichtsammlungen. »Was helfen könnte«, ihren ersten Roman, brachte sie 2004 heraus. Er stieß in Norwegen auf begeisterte Resonanz und wurde vor kurzem auch ins Dänische übersetzt. Kritiker fühlen sich an Sylvia Plaths »Die Glasglocke« und Françoise Sagans »Bonjour Tristesse« erinnert. Seither folgten drei weitere hochgelobte und in mehrere Sprachen übersetzte Romane. 2012 erschien »Venterommet i Atlanteren« (Das Wartezimmer im Atlantik), 2013 »Camillas lange netter« (Camillas lange Nächte) und 2018 »Fordi Venus passerte en alpe ol den dagen jeg blei født« (Weil am Tag meiner Geburt Venus ein Alpenveilchen passierte). Mona Høvring erhielt diverse Preise, u. a. den *Språklig samlings litteraturpris* für ihr Gesamtwerk.

Ebba D. Drolshagen beschäftigt sich seit vielen Jahren mit dem Übersetzen: Einerseits übersetzt sie – buchstäblich – Romane und Sachbücher aus dem Norwegischen und Englischen ins Deutsche, andererseits vergessene oder übersehene Themen in erzählende Sachbücher. Das begann vor Jahren mit den Engelsfiguren auf den Gräbern des 19. Jahrhunderts und reicht über Schönheit, Krieg, Liebe und verwegene Seefahrer bis zu einer Kulturgeschichte des Handstrickens.

Die Übersetzung dieses Buches wurde von NORLA gefördert

NORLA
NORWEGIAN LITERATURE ABROAD

Quellen

Das Motto dieses Buches ist ein Zitat aus Natalie Sarraute, *Kindheit*, übersetzt von Elmar Tophoven, Berlin, Suhrkamp, 2017, S. 12

Zitat auf Seite 137 aus Françoise Sagan, *Bonjour Tristesse*, übersetzt von Helga Treichl, Ullstein, Berlin, 1996, S. 40

1. Auflage
Originalausgabe 2019

Verlag Silke Weniger, Gräfelfing / Hamburg
im Vertrieb bei Edition Nautilus, Hamburg

aus dem Norwegischen von Ebba D. Drolshagen
Titel der Originalausgabe: *Noe som hjelper*

Published in agreement with Oslo Literary Agency

Lektorat: Karen Nölle
Gestaltung, Satz und Herstellung: Kathleen Bernsdorf
Cover: Kathleen Bernsdorf, Abbildung: 123rf.com/belchonock
Schriften: Antwerp, Josefin Sans
Druck und Bindung: Friedrich Pustet, Regensburg
Printed in Germany

ISBN 978-3-942374-98-9

www.editionfuenf.de

»Kleine Teile von etwas noch Lebendigem … ich möchte, bevor sie verschwinden … lass mich …«

Nathalie Sarraute

SUPER 8

Als ich neun Jahre alt war, lernte ich schwimmen. Meine Mutter brachte es mir im Traum bei, da war sie schon tot.

In dem Traum spielten der Nachbarsjunge und ich mit Murmeln. Ich war gut und hatte schon mehrere Runden gewonnen, als meine Mutter mich rief. Sie stand unten an der Straße. Ich unterbrach das Spiel sofort, ließ die kostbaren Glasmurmeln liegen und lief zu ihr. Sie drückte mich an sich und fragte, ob wir baden gehen wollten. Im Einkaufsnetz hatte sie alles dabei, was wir brauchten: unsere Badeanzüge und die großen, hellblauen Handtücher, die immer so rau waren, weil sie draußen in der prallen Sonne und dem rastlosen Wind auf der Leine zum Trocknen aufgehängt wurden. Sie hatte kalten Saft in der Thermosflasche, eine alte Zeitung und ein paar Holzscheite. Es war ein Wunschtraum. Ich war so glücklich.

Am Strand machten wir zwischen den Steinen ein Feuer. Wir zogen die Badeanzüge an und gingen ins Wasser.

– Es ist lauwarm, sagte ich. Wir sind wohl auf eine warme Quelle gestoßen.

– Vielleicht hat das Feuer das Meer aufgewärmt, meinte meine Mutter.

Als wir weiter draußen waren, zeigte sie mir, wie ich Arme und Beine bewegen musste. Die rechte Hand hielt sie unter mein Kinn, die linke unter den angespannten Bauch.

– Du musst nicht zappeln, sagte sie. Es ist nicht nötig, dass du dich so anstrengst.

Sie sprach ruhig, sagte, ich solle mich vom Wasser tragen lassen, dürfe das Atmen nicht vergessen.

– Wenn du die Luft anhältst, gehst du unter.

Es war, als glitte ich in ein anderes Dasein hinein. Für kurze Zeit bewegte ich mich in einer neuen Wirklichkeit, aber kaum hatte ich gesagt, jetzt könne sie mich loslassen, jetzt könne ich schwimmen, wachte ich auf, und obwohl es noch Nacht war, verließ ich das Bett, nahm den Badeanzug aus der Kommode und schlich mich aus dem Schlafzimmer.

Im Bad nahm ich ein Handtuch von der Trockenleine. Ich fand die Bademütze nicht, schnappte aber die gerüschte Duschhaube, die auf der Badewannenarmatur hing. Ich zog sie gleich über und musste mich etwas mühen, bis ich die langen, hellbraunen Haare unter den Haubenrand gestopft hatte.

Das Badezeug packte ich in den Sportbeutel. Ich hatte ihn im Handarbeitsunterricht genäht, er war aus Leinen, mit Kreuzstich waren ein geschnörkeltes L und ein ebenso geschnörkeltes S darauf gestickt, unter diese Initialen hatte ich zwei Margeriten gestickt, die aussahen, als ob sie im Wind wippten.

Ich ging in die Küche, holte Erdbeermarmelade aus dem Kühlschrank und Brot aus der Brotdose. Ich schnitt zwei dicke Scheiben ab und schmierte sie. Das steife Butterbrotpapier wurde klebrig, weil die Marmelade herausquoll, aber ich machte ein Gummiband drum, damit alles zusammenhielt.

Bevor ich ging, schrieb ich meinem Vater mit dem Zeigefinger eine Nachricht auf die beschlagene Fensterscheibe:

Lieber Papa
ich bin baden gegangen
herzliche Grüße
Laura

Ich hatte noch Platz für ein kleines Herz und malte einen Pfeil durch. In den letzten Wochen hatte ich überall Herzen gezeichnet; auf den Ranzen, den Rücken der gelben Regenjacke, die Innenseite meines Handgelenks.

Im engen Flur schlüpfte ich in die Stoffschuhe. Ich blieb einen Moment stehen und hörte auf den plätschernden Regen. Plötzlich bildete ich mir ein, dass da draußen jemand herumlief und schluchzte, eine Kinderschar, die voll Kummer umherstreifte, und obwohl ich wusste, dass es nur das Unwetter war, zögerte ich kurz, bevor ich die Haustür öffnete und in die Dunkelheit hinausging.

Ich kannte den Weg, weil meine Mutter mit meinem Bruder Magnus und mir oft lange Strandspaziergänge gemacht hatte. Sie sang fast immer, ihre Stimme war schön und sicher. Einmal fragte ich sie, ob sie ein Gesangsstern werden wolle, da antwortete sie, dass sie wohl eher ein Seestern werden würde, wuschelte mir durchs Haar und lachte.

Als ich am Strand war, zog ich den Badeanzug an, legte meine Kleider in den Sportbeutel und lief zum Wasser hinunter. Als es mir bis zum Nabel reichte, begann ich zum ersten Mal in meinem Leben zu schwimmen. Das Meer war kalt, aber daran gewöhnte ich mich schnell. Ich machte die Bewegungen, die ich gerade im Traum gelernt hatte, es war ganz einfach, es war genau, wie ich mir vorgestellt hatte.

Ich prüfte immer wieder, ob ich noch Grund unter den Füßen hatte und kehrte erst um, als ich merkte, dass ich nicht mehr stehen konnte. Da begann ich zurückzuschwimmen. Mein Atem ging schneller, ich schluckte Wasser und begann, mit Armen und Beinen zu schlagen. Jetzt sterbe ich, dachte ich, mein Körper wurde ganz steif und wollte sich nicht mehr tragen lassen. Verschreckt und verzweifelt krümmte ich mich zusammen. Mein Knie traf auf etwas Weiches. Ich richtete den Oberkörper auf und fand auf dem Sandboden das Gleichgewicht wieder, so blieb ich stehen, kniend, wie das Mädchen auf dem Bild über meinem Bett. Aber hatte ich keinen Engel vor mir. Ich hatte nur die Nacht, den Strand und die Steine am Ufer.

Ich richtete mich auf und ging an Land, nahm frierend das Handtuch aus dem Sportbeutel und wickelte mich ein, setzte mich auf einen Stein und holte das Brot heraus. Ich erinnerte mich an etwas, das passiert war, als ich fünf oder sechs Jahre alt war. Ich stand nackt im Sand und sah zu meiner Mutter, die ein zwischen den Steinen ein Feuer machte. Wir hatten ein windgeschütztes Eckchen gefunden, aber ich bibberte und zitterte so sehr, dass ich mit den Zähnen klapperte. Als meine Mutter das Feuer angezündet hatte, richtete sie sich auf.

– Ach, mein kleines Strandnelkchen, sagte sie. Bibber, bibber.

Sie lächelte und machte mich nach, stellte sich mit steifen Beinen und hochgezogenen Schultern hin, hielt die Arme gerade, ein wenig von der Hüfte abgespreizt, und zitterte am ganzen Körper. Sie war so schön, meine Mutter, muskulös und üppig. Ihre Brüste wölbten den Badeanzug. Ach, sie waren so wunderbar. Ich dachte, dass ich auch solche haben wollte.

– Bibber, bibber, sagte sie wieder und fing an, mich von oben bis unten abzurubbeln, auf einmal sah ich ihr Skelett, sah durch alles hindurch, durch all das Runde und Weiche, durch ihre Haut, rosa wie Quallen, durch die Muskeln, die klumpigen Wurzeln glichen, Adern wie bläulich rote Flüsse, die vielarmigen Sehnen; erfrorene und grauweiße Zweige, die Lunge, die an Tang und Algen, Seegras, meeresleuchtende Flimmerhärchen denken ließen, winzig kleine Muscheln hingen in langen, pfirsichfarbenen Fasern. Rischel, raschel hörte ich es von da drinnen, aber ich sagte es ihr nicht, erzählte ihr nicht, was ich sah, denn ich wollte nicht, dass sie traurig wurde. Stattdessen schloss ich die Augen, und sie begann zu singen, ihre Stimme war klar und warm.

Als der Gesang verstummte, schaute ich sie an; sie war nicht mehr durchsichtig, jetzt hatte sie wieder ihre Stirn und ihre Wangen, das nasse Haar und die runden Schultern.

Ich habe zwei Fotografien, die mein Vater kurz vor meiner Geburt gemacht hat. Das eine zeigt Spuren meiner Mutter im Sand, deutliche Abdrücke ihrer kleinen Füße. Auf dem anderen Foto schaut sie über das Meer. Ihre Haare sind zerzaust, sie hat die Hände in den Rücken gestemmt, der Bauch unter dem türkisfarbenen Mantel ist groß und ragt weit vor. Es wirkt, als friere sie, aber das Licht ist warm, weich und körnig, ich glaube, sie lächelt. Etwas hinter ihr im Sand sitzt mein Bruder Magnus. Er trägt eine Ohrenklappen-Mütze aus hellblauem Nylon, einen weißen Eskimopullover mit buntem Muster und über den Windeln eine braune Cordhose. In der Hand hält er, wie die meisten Kinder, wenn sie am Strand sind, eine Schaufel. Die Schaufel ist knallrot in seiner Marzipanhand, das kugelrunde Gesicht wirkt froh und zufrieden. Dieses Bild macht immer, dass ich mir meine Mutter als gemütlich und freundlich vorstelle. Ich habe entschieden, mich so an sie zu erinnern.

Sie starb im Sommer. Noch immer sehe ich sie vor mir, wie sie aus dem Haus geht, am Apfelbaum vorbei, die kleine Steigung zum Gartentor hinauf. Vielleicht blieb sie, wie so oft, vor dem Unterwäschegeschäft stehen, vielleicht betrachtete sie ein Weilchen all das Schöne, das sie dort verkauften, bevor sie weiterging, vorbei an der Apotheke, dem Telegrafenamt, dem Bethaus. Vielleicht war es so, vielleicht nicht. Woran ich mich erinnere ist, dass ich in die erste Klasse ging und es ein klarer Tag war. Ich trug ein Kleid. Ich erinnere mich an das Flattern des Stoffes, die leichten Liebkosungen meiner Knie. Magnus kam zur Schule und holte mich, bevor die letzte Stunde vorbei war. Er sagte nicht viel, nur, dass ich mit ihm nach Hause gehen müsse, sein Gesicht verriet nichts. Wir liefen schnell. Ich weiß nicht warum, aber ich war voller Erwartungen. Ich sah ein Paket vor mir, vielleicht ein Geschenk.

Als wir nach Hause kamen, war es dort nicht wie sonst. Wir hörten Stimmen aus der Küche, sie waren leise, sie murmelten, als tauschten sie Geheimnisse aus. Magnus ging mit mir ins Wohnzimmer, da blieben wir sitzen und warteten. Es war warm und stickig, ich fing an zu schwitzen. Mir fiel ein, das ich im Ranzen draußen im Flur eine Flasche Saft hatte. Ich holte sie, und als ich zurückkam, setzte ich mich versehentlich auf das Heizöfchen. Morgens war es kalt gewesen, jemand hatte das Öfchen angemacht und vergessen, es wieder auszuschalten. Der Zischlaut klang wie eine fauchende Kreuzotter, die man überrascht hatte, wie eine wütende Katze. Es roch versengt, und ich schrie.

Mein Vater kam aus der Küche. Er war kreidebleich, ich schob das darauf, dass er wusste, wie weh es tat, sich zu verbrennen.

– Was hast du ihr gesagt?, fragte er und packte Magnus fest am Arm.

– Nichts, sagte Magnus. Sie hat sich am Ofen verbrannt.

Vater hob mein Kleid hoch, und ich drehte mich so, dass ich es auch sehen konnte. Ich hatte rote Streifen auf den

Oberschenkeln. Als ich das sah, hörte ich auf zu weinen. Es brannte und schmerzte, aber ich wollte tapfer sein.

Mein Vater zog mich hinter sich ins Bad. Er drehte den Hahn auf und ließ Wasser in die Wanne laufen. Ich begann, das Kleid aufzuknöpfen, aber er setzte mich ins kalte Wasser, bevor ich fertig war. Das Kleid stieg wie eine Blase vor mir auf, aber ich lachte nicht, weil es so wehtat und nicht aufhörte.

– Bleib hier sitzen, sagte mein Vater und ging.

Um mich wurde es ganz still. Erst tat es gut, im kalten Wasser zu sitzen, die Schenkel an das kalte Porzellan gedrückt, aber dann kehrten die Schmerzen zurück, und ich begann zu frieren. Ich wollte nach meinem Vater rufen, ließ es aber und lauschte stattdessen dem Tropfen des Wasserhahns. Sonst war nichts zu hören. Niemand sprach, niemand ging über die Dielen, niemand schloss eine Tür.

Einer der frommen Jungen aus dem Bethaus hatte erzählt, dass Jesus jederzeit auf die Erde zurückkehren konnte und dass dann alle, die nicht errettet waren, in die Hölle kämen, wo ewige Qualen herrschten. Vielleicht, dachte ich, war das gerade passiert. Die Seligen waren alle in den Himmel aufgefahren und ich saß jetzt in der Hölle, bis in alle Ewigkeit würde ich in diesem halbdunklen Badezimmer sitzen, im kalten Wasser und mit Brandwunden, die furchtbar wehtaten. Aber das musste ein Irrtum sein, denn ich glaubte doch an Jesus, jedenfalls versuchte ich es, ich sprach jeden Abend, wenn ich daran dachte, ein Nachtgebet, und das Fräulein hatte gesagt, dass alle Kinder zu Ihm kommen durften. Jesus hatte mich wohl vergessen, dachte ich, und das war ja nicht verwunderlich, er musste sich um so furchtbar viel kümmern, es gab so viele Kinder auf der Welt.

Ich hörte Schritte und begann zu weinen.

– Jesus, sagte ich laut. Ich bin hier.

Die Tür ging auf, da stand mein Vater.

– Wo warst du so lange?

– In der Apotheke. Ich habe Salbe für dich gekauft. Du kannst jetzt aus der Wanne kommen.

Ich umfasste den Rand und zog mich hoch. Als ich in dem tropfenden Kleid neben der Wanne stand, sah mein Vater mich mit einem Blick an, den ich nie zuvor gesehen hatte. Es schien, als starrte er durch mich hindurch. Ich hätte mich am liebsten umgedreht, um zu sehen, ob etwas hinter meinem Rücken war, ließ es aber. Ich stand ganz steif vor ihm, aus dem Kleid tropfte das Wasser und machte eine Pfütze um meine Füße. Als ich nach unten blickte, sah ich mein Spiegelbild. Gesicht und Körper waren schwach erhellt, aber die Deckenlampe legte ein helles Strahlen um meinen Kopf, ich fand, dass ich aussah wie einer von den Engeln in meiner Bibel.

Vater reichte mir eine weiße Tube und sagte, ich solle mich damit einschmieren.

Ich versuchte sie zu öffnen, aber der Verschluss bewegte sich nicht.

– Soll ich dir helfen?, fragte mein Vater.

– Ja.

Er schraubte die Tube auf, das ging ganz leicht, dann kniete er sich vor mich hin, seine Hose wurde nass, aber das kümmerte ihn nicht. Er saß da und bewegte sich nicht, sagte nichts. Schließlich umfasste er meinen Arm.

– Ich muss dir etwas erzählen.

Vor der Beerdigung schob mein Vater das schmale Etagenbett, in dem Magnus und ich schliefen, in sein Schlafzimmer. Magnus schlief oben, weil mir so leicht schwindelig wurde. Die Luft im Haus war schwer von süßlichen Blumendüften. Überall standen Sträuße aus Nelken und weißen Rosen. Sie waren mit Grüßen verziert, an dünnen Goldschnüren hingen Kärtchen mit Bibelsprüchen: »Der Herr ist mein Hirte, mir wird nichts mangeln«, stand da, »Herr, in deine Hände sei Anfang und Ende, sei alles gelegt« und »Der Glaube tröstet, wo die Liebe weint«.

Wegen der Brandwunden musste ich eine ganze Woche lang auf dem Bauch liegen. Jeden Tag kam Rakel, eine pensionierte Gemeindeschwester, die meine Mutter gekannt hatte, auf ihrem roten Fahrrad angefahren. Sie versorgte die Wunden und gab mir Tabletten gegen die Schmerzen. Ich kann mich nicht erinnern, dass wir ein einziges Wort über meine Mutter gewechselt hätten, stattdessen setzte sie sich neben mein Bett auf einen Stuhl und las mir *Betty und ihre Schwestern* vor.

Sie besuchte mich auch noch, als ich wieder gesund war, nur um das Buch fertig zu lesen, und ich fand, dass es das schönste Buch war, das ich vorgelesen bekommen hatte, seit meine Mutter mir die Geschichte vom Entchen Gulltull, das in einen Graben gepurzelt war, vorgelesen hatte.

Ich dachte oft, dass es sicher schön war, zu sterben wie meine Mutter, den Strand entlang zu schlendern, im klaren

Licht einen Spaziergang zu machen, ins Meer hineinzugehen, einen großen Stein in Händen, ihn dabei innig zu umfassen und sich dann in ein natürliches Grab sinken zu lassen, das Atmen aufzugeben, dort unten am Grund vielleicht wundersame Dinge zu sehen: Fische und Seesterne, das Sonnenlicht, das glitzernd durch die Wasseroberfläche brach. Aber hin und wieder dachte ich nicht so. Dann konnte ich fast nicht atmen. Dann fand ich es schlimm, dass ich meine Mutter nicht besser kennenlernen konnte. Es gab so viel, was ich sie hätte fragen, so viel, was ich ihr hätte erzählen wollen.

Lesen, schreiben, rechnen

Manchmal war mein Vater mehrere Tage hintereinander auf See, aber sonntags hatte er frei, dann ging er meist mit Magnus und mir zum Hafen. Im Sommer war das Café geöffnet, für gewöhnlich gelang es Magnus und mir, ihm für jeden ein Eis oder eine Flasche Limonade für uns zusammen abzubetteln.

Wir waren immer rechtzeitig da, um das Schnellboot anlegen zu sehen. Magnus und ich trippelten am äußersten Rand des Kais entlang, bis sich das weiße Tragflächenboot mit qualmendem, schwarzgrauem Diesel näherte, dann wichen wir etwas zurück, um der schweren Gangway nicht im Weg zu sein.

Bei Sturm und Unwetter schlingerte das Schiff, dann sahen wir erfreut, wie die Passagiere über das Deck wankten, manchmal wurde die eine oder andere arme Seele sogar an die Reling gedrückt.

Einmal kamen wir sonntags zum Kai, als das Tragflächenboot schon angelegt hatte. Es war Mitte Juni, es war heiß, die Abfertigung hektisch. Ich war gestresst, weil ich Zuspätkommen hasste. Ich wollte alles mitbekommen: die Gerüche, die Abschiede, die Gesichter, die Kleider und die Bewegungen. Unmittelbar bevor das Schiff ablegte, fuhr ein Taxi vor. Es hielt direkt an der Gangway, ein Mann und eine Frau stiegen aus, sie waren etwa Anfang zwanzig. Kaum hatte ich sie erblickt, glaubte ich, noch nie schönere Menschen gesehen zu haben als sie. Ich starrte sie an, während sie die eleganten Koffer ausluden. Der Mann hob eine blaue Babytragetasche vom Rücksitz. Ich trat ein paar Schritte vor, reckte mich, um besser sehen zu können, konnte eine winzig kleine Hand ausmachen, die einen weißen Deckenzipfel umklammerte. Ich stellte mich auf die Zehenspitzen, um einen Blick auf das Gesicht des Babys zu erhaschen. Ich wollte wissen, ob es süß war, ob es ein bezaubernder Junge oder ein hinreißendes Mädchen war. Aber ich wurde enttäuscht, es war ein höchst gewöhnliches Kind, ein rot gefleckter, unförmiger Säugling. Aber der Vater beugte sich stolz über das Kleine, die Mutter schnalzte mit der Zunge, woraufhin das Kind gluckste und mit den Armen wedelte. Dann gingen sie mit der Tragetasche zwischen sich die Gangway hinauf, der Taxifahrer folgte mit dem Gepäck.

Ich dachte, dass Leute, die so stattlich waren, bestimmt nicht nur nach Bergen wollten, sie wollten weiter, ins Ausland, sie gehörten zur Welt, dachte ich, sie fuhren nach Amerika, und ich war voller Neid und Bewunderung.

Als das Schiff abgelegt hatte, kam mir der Gedanke, auf den großen Anker vor dem Fahrkartenbüro zu klettern. Ich war leicht und geschmeidig und erklomm ihn rasch bis zum runden Flaschenzug hinauf. Von da aus guckte ich auf Magnus und meinen Vater hinunter. Sie wirkten geschrumpft, wie sie da auf dem asphaltierten Platz unter mir standen. Ich wollte gerade winken, als mir das Gesicht meines Vaters auffiel. Da war von Begeisterung keine Spur.

– Komm jetzt, sagte er, wandte mir den Rücken zu und ging los.

Ich kletterte nicht gleich hinunter und dachte, dass er sich vielleicht doch noch umdrehen und mich auffangen würde, falls ich sprang. Aber er ging weiter, dicht gefolgt von Magnus.

Als wir zu Hause waren, kletterte ich in den Apfelbaum und setzte mich auf einen Ast. Ich sah das Amerikaboot in einem furchtbaren Sturm vor mir. Die himmelblaue Tasche mit dem Baby glitt über das Deck ins Meer, die Eltern sprangen in die hohen Wellen, um das Kleine zu retten, aber als sie zur Tasche kamen, war sie leer, sie tauchten nach ihrem Kind, aber unten im Meer war es ganz dunkel. Ich stellte mir vor, dass Taucher viele Jahre später drei Skelette fanden, die nebeneinander auf dem Meeresgrund lagen und leuchteten.

Wie ich da im Baum saß, von meinen eigenen Phantasien zu Tränen gerührt, verlor ich das Gleichgewicht und kippte nach hinten. Ich versuchte den Ast zu umklammern, aber zu spät. Ich spürte einen Schlag am Rücken, kriegte keine Luft mehr, und dann wurde alles schwarz.

Langsam kam ich zu mir. Einen Moment lang schienen meine Augenlider weißgrau und durchsichtig zu sein. Ich sah etwas, das wie Muskeln und Sehnen war, feine Adern, hörte ein Klappern, das, wie ich langsam begriff, von meinen eigenen Zähnen stammte. Ein Schatten glitt über mich. Ich öffnete die Augen und blickte in ein Gesicht, von dem ich erst meinte, es noch nie gesehen zu haben, doch dann erkannte ich es. Es war Andreas. Der Andreas, der in der Straße weiter unten wohnte, der Gärtner war und mit Johanna vom Blumenladen verheiratet.

Er fragte, wie es mir gehe, ich kam mühsam auf die Beine.

– Ich weine nicht, sagte ich. Sonst klettere ich viel höher.

– Wie heißt du?

– Laura.

Andreas brachte mich nach Hause. Er klopfte an die Tür, die angelehnt war, steckte den Kopf hinein und sagte Hallo.

Ich hörte die Bank in der Küche knirschen, gleich darauf stand mein Vater im Flur.

Andreas streckte ihm die Hand hin.

– Andreas Clausen, sagte er.

Vater reichte ihm die Hand, nickte nur kurz.

– Laura ist vom Baum gefallen, sagte Andreas. Ich bin zufällig vorbeigekommen.

Vater sah mich an, sagte nichts.

– Ihr solltet zum Arzt gehen und untersuchen lassen, ob sie eine kleine Gehirnerschütterung hat, sagte Andreas.

Er ging zur Treppe, dort drehte er sich um und wünschte mir gute Besserung, bevor er zum Gartentor weiterging.

Ich sah ihm nach. Er war groß und sportlich, viel älter als mein Vater, aber er bewegte sich genauso mühelos und geschmeidig wie die Jungs in der Schule.

– Wie geht es dir?, fragte mein Vater.

– Gut.

– Hast du Kopfschmerzen?

– Ja.

– Sollen wir zum Arzt gehen?, fragte er. Oder soll ich lieber Kakao machen?

– Kakao.

Er legte mir die Hand auf die Schulter, und wir gingen in die Küche.

Im Nu hatte er in einem Topf Kochschokolade geschmolzen und Milch dazugeschüttet. Er blieb dabeistehen, bis sie aufkochte, dann nahm er den Topf von der Platte und goss den Kakao in eine Tasse. Die stellte er mir hin und sagte, ich solle warten, denn der Kakao sei heiß.

Ich beugte mich vor und pustete auf die graubraune Flüssigkeit. Ich war sehr zufrieden, als ich sah, dass sich eine Haut auf der Oberfläche bildete.

– Willst du ein Scheibe Brot?, fragte er.

– Kann ich zwei haben?

– Was willst Du drauf?

– Schokocreme, sagte ich, obwohl wir die Regel hatten, dass Magnus und ich das nur samstags zum Frühstück bekamen.

Vater beschmierte die Scheiben dick, legte sie auf einen Teller. Er schob ihn zu mir herüber, schenkte sich selbst Kaffee ein, dann setzte er sich.

Schon nach dem ersten Bissen wurde mir schlecht, es kostete mich Mühe, den süßen Kleister hinunterzuwürgen. Ich vertrug wohl doch kein Essen, aber Vater sagte, ich solle auf jeden Fall die Scheibe aufessen, die ich angebissen hatte. Ich schüttelte den Kopf und schob das Essen weg.

– Dann musst du dich jetzt hinlegen, sagte mein Vater und stand auf. Er nahm den Teller und die Tasse und stellte sie neben das Spülbecken.

Ich ging ins Schlafzimmer und legte mich ins untere Bett. Mein Herz raste, ich spürte das Pochen bis in die Ohren, und die Geräusche in meinem Kopf waren wie das Brausen im Schilf.

Das einzige Bücherregal im Haus stand in Magnus' Zimmer. Es war vollgestopft mit allen möglichen Atlanten und Nachschlagewerken. Manchmal, wenn Magnus und ich abends allein zu Hause waren, zwängten wir uns zusammen in sein Bett, und er erzählte von Sachen, die er gelesen hatte. Das Abendbrot machte meistens ich, es war wie ein beglückendes Ritual. Ich schmierte Butterbrote und schüttete Johannisbeersaft in die Karaffe aus polnischem Kristall, die Mama und Papa zur Hochzeit bekommen hatten, wir machten es uns gemütlich, mein Bruder und ich, und er erklärte mir U-Boote, die Raumfahrt und Chromosomenforschung. Er berichtete von amerikanischen Datenmaschinen, die ganze Zimmer füllten, und machte mich mit dem Araber und Code-Knacker Abu Yusuf Ya'qub ibn Ishag ibn as-Sabbah ibn 'Omran ibn Ismail al-Kindi bekannt, der als al-Kindi berühmt war. Magnus behauptete, al-Kindi habe zu einer Zeit gelebt, als wir Europäer noch im tiefsten Mittelalter steckten.

Magnus war drei Jahre älter als ich. Als ich noch ein Kind war, war er Teenager, bald erwachsen, und obwohl wir uns nahestanden, hörten diese Stunden auf, als er in die Oberstufe kam. Aber manchmal schlich ich mich in sein Zimmer und setzte mich mit einem Buch oder einem Heft auf sein Bett.

Einmal fand ich hinter einer Buchreihe über bedeutende Entdecker einen kleinen Stoß Pornohefte. Ich blätterte sie schnell durch, so etwas hatte ich noch nie gesehen. Ich war erregt, meine Hände zitterten, mein Herz schien zu flattern.

Am besten gefiel mir eine Geschichte in einer schwedischen Zeitschrift. Es war eine Fotoserie mit Sprechblasen. Die Bilder waren schwarz-weiß, sie handelten von einer älteren Frau, die ein junges Mädchen verführte. Ich ging mehrfach wieder hin, um mir dieses Heft anzuschauen, mit der Zeit konnte ich den Dialog auswendig. Die Dame, eine Pensionswirtin, zeigte dem Mädchen ihr Zimmer. Das Mädchen war nach einer langen Reise müde, darum bot die Dame an, ihr beim Ausziehen zu helfen. Während sie das tat, begann sie, das Mädchen zu streicheln. »Wenn du ganz ruhig liegen bleibst«, sagte sie, »darfst du meine Zunge in deinem süßen kleinen Möslein spüren.« Da wehrte sich das Mädchen und sagte: »Lass das! Meine Mama hat gesagt, so was darf man nicht tun.« Aber die Wirtin machte einfach weiter: »Na, na. Bleib einfach ruhig liegen, damit ich dein Muschikätzchen bewundern kann, bevor ich mich daran sattschlecke.« Sie beugte sich hinunter und begann, sie zu lecken. »Nein!«, sagte das Mädchen, aber dann ließ sie es geschehen. Sie schloss die Augen und stöhnte: »Ja ... ja.« An dieser Stelle hörte die Geschichte auf und unter dem letzten Bild stand: »Sie ahnte nicht, was sie erwartete – alles darüber im nächsten Heft.«

Eines der Bilder beeindruckte mich so sehr, dass ich es am liebsten ausgeschnitten oder die ganze Seite herausgerissen hätte, aber das tat ich nicht. Bald darauf löste Marie, meine beste Freundin, ohne es zu wissen das Problem. Als wir einmal nachmittags in ihrem Zimmer saßen und Zeitschriften lasen, legte sie Butterbrotpapier auf ein Bild von Suzi Quatro und pauste es ab.

Als ich an diesem Abend heimkam, war das Haus leer. Ich holte die Rolle Butterbrotpapier aus dem Küchenschrank, nahm einen frisch gespitzten Bleistift und begann, das Bild abzuzeichnen. Als ich fertig war, machte ich mich daran, weitere Bilder der Reihe abzupausen, und war in diese Arbeit so versunken, dass ich nicht hörte, wie Magnus heimkam. Ich bemerkte ihn erst, als er neben mir stand. Mir wurde schwindelig, ich wusste nicht, was ich machen sollte. Es hatte keinen Sinn, das Heft verstecken zu sollen, das ausgebreitet vor mir lag. Ich wollte erklären, wollte um Entschuldigung bitten, aber Magnus lächelte nur. Er nahm Geld aus der Schreibtischschublade, sagte, dass er ins Kino gehe und ich solle nicht vergessen, hinter mir aufzuräumen, dann verschwand er wieder.

Ich glaube, ich habe Marie zum ersten Mal wirklich bemerkt, als ich erfuhr, dass ihre Eltern geschieden waren. Es war am Ende der vierten Klasse, unsere Lehrerin hatte uns die Aufgabe gestellt, ein paar Sätze über unsere Familie zu schreiben. Nacheinander lasen wir der Klasse vor, was wir geschrieben hatten, und als Marie dran war, las sie ruhig und ohne Zögern: »Meine Mutter und mein Vater haben sich gleich nach meiner Geburt scheiden lassen …« An mehr erinnere ich mich nicht, aber dieser Satz blieb hängen. Geschiedene Eltern waren zu jener Zeit noch nicht so üblich, aber den größten Eindruck machte auf mich die Selbstsicherheit, mit der das Mädchen in der dritten Reihe uns diese besondere Sachlage mitteilte.

In der Pause ging ich zu ihr und sagte, dass mir gefallen habe, was sie geschrieben hatte. Marie redete gleich los, machte Witze und sagte, ihre Mutter und mein Vater sollten heiraten, dann könnten wir Halbschwestern sein. Von da an waren wir beste Freudinnen und hingen immer zusammen.

Bei schönem Wetter saßen wir oft auf einer Parkbank und dachten uns Geschichten über die Passanten aus. Manchmal waren diese Geschichten frei erfunden, manchmal bestanden sie aus Klatsch und vagen Gerüchten: Eine der Lehrerinnen an unserer Schule hatte ihren Sohn zur Adoption gegeben, die Frau im Kiosk trug keine Unterhosen, der Sektenprediger Salvesen hatte mit einem Mädchen aus der Neunten rumgefummelt.

Die besten Geschichten handelten vom Metzger. Er war schlank und hochgewachsen, kaum älter als dreißig und hatte es trotzdem geschafft, sieben Kinder zu bekommen. Als Marie und ich dort gewesen waren, um für Maries Mutter Fleisch einzukaufen, hatte er uns zugezwinkert. Kaum waren wir wieder draußen, flüsterte ich Marie zu, um so viele Kinder zu machen, müsse man fast jeden Tag vögeln. Marie nickte und meinte, er würde bestimmt nicht nur einmal am Tag vögeln, und schlug dann vor, dass wir ihn ausspionieren sollten.

Wir fanden eine Stelle im Hinterhof, wo wir durch ein kleines Fenster direkt auf die Theke sehen konnten, an der der Metzger auf und ab ging und die Kunden bediente. Wir waren sicher, dass uns niemand entdecken würde, weil wir hinter einem großen Abfallcontainer versteckt saßen. Wir blieben etwa eine Stunde dort, ohne etwas Spannendes zu sehen. Trotzdem verabredeten wir, am nächsten Tag wieder hinzugehen.

Auf dem Heimweg zu Marie dachte ich mir die Geschichte aus, dass der Metzger nach Ladenschluss im Geschäft mit seiner Geliebten zusammen war. Er zog ihren Rock hoch und entblößte die bleichen Schenkel, legte seine kräftige Hand auf ihren Schritt. Ich beschrieb, wie er sie berührte, bis sie kam, wie sie mit nackten Brüsten hinter der Fleischtheke kniete und seinen steifen Schwanz lutschte.

Marie verzog das Gesicht und sagte, sie könne nicht verstehen, dass jemand es über sich bringe, so eklige Sachen zu machen, und ich stimmte ihr zu, auch wenn die Geschichte so erregend war, dass sie mich nachts wachhielt.

Wir gingen mehrere Tage hintereinander zu unserem Versteck, aber es passierte nichts. Einmal war die Ehefrau des Metzgers im Laden, und als sie allein waren, tätschelte er ihren Hintern, das war alles.

Als wir in die Mittelstufe gekommen waren, durften Marie und ich Maries Mutter zum Morgenschwimmen ins Hallenbad begleiten. Wir gingen montags ganz früh vor der ersten Stunde. Eigentlich war das Morgenschwimmen nur für Erwachsene, aber weil Maries Mutter den Mann kannte, der im gläsernen Kassenhäuschen die Eintrittskarten verkaufte, ließ er uns rein, manchmal sogar umsonst.

Ob ich mit Marie um die Wette schwamm oder mich auf dem Rücken treiben ließ, weit weg von allem, tief in einem Tagtraum versunken, ich liebte diese frühen Stunden in der warmen, chlordampfenden Halle. Marie und ich wetteten darum, wer am längsten unter Wasser bleiben konnte. Wir tauchten zum Boden hinunter und versuchten, miteinander zu sprechen. Wir hörten auf die verzerrten Laute, verfolgten die Bewegung der Luftblasen, sahen zu, wie die Haare und die Gesichtshaut zur Oberfläche hinaufgezogen wurden, oder wir hockten uns nebeneinander an den Rand und beobachteten, was im Becken passierte. Frauen schwammen ruckartig und unrhythmisch, den Kopf gereckt, fast ein wenig nach hinten gekippt, um die Frisur nicht zu ruinieren, sportliche Männer sprangen elegant vom Dreimeterbrett und zischten wie Pfeile durch das türkisfarbene Wasser.

In der Dusche betrachtete ich verstohlen die erwachsenen Frauen. Einige stolzierten selbstsicher umher, andere versteckten sich im hintersten Winkel. Mit Kleidern ähnelten sie sich alle. Mit Mänteln und Taschen und den dünnen

Regenhauben aus Nylon waren sie zum Verwechseln ähnlich, aber in der hellgrünen, gekachelten Dusche waren sie verschieden. Jeder der nackten Körper hatte einen anderen Ausdruck, es gab so viele Zeichen, so unterschiedliche Zeugnisse. Am liebsten betrachtete ich die Drallen, die Üppigen, wenn sie die schweren Brüste anhoben und sich ungeniert und gründlich wuschen.

Einmal, als ich gerade ins Becken steigen wollte, stieß ich fast mit einem jungen Mann zusammen. Er schoss plötzlich aus dem Wasser, umfasste das Treppengeländer und zog sich hoch. Auf den kräftigen Oberarmen glitzerte es, er war von sprühenden Tropfen umgeben, und dann rutschte seine Badehose herunter. Er lachte kurz, zog die Hose hoch und ging zu den Duschen, als wäre nichts geschehen. Von diesem Vorfall träumte ich mehrere Nächte. Es war immer der gleiche Traum. Der Mann kam in mein Zimmer und zog die Badehose aus, seine Bewegungen waren langsam, er ließ sich viel Zeit.

Danach wagte ich es nicht, den Mann im Hallenbad anzusehen. Ich achtete darauf, Abstand zu halten, war besorgt, dass er mich enttarnen, meine unschicklichen Gedanken lesen, mir vielleicht zulächeln oder zuzwinkern könnte, so als bestehe eine geheime Verbindung zwischen uns.

Eines Morgens kam Marie nicht mit zum Schwimmen. Sie war erkältet und hatte Fieber, darum holte mich ihre Mutter allein ab. Sie hatte einen durchsichtigen Schirm, den sie über uns hielt. Wir passierten herbstliche Gärten mit verfaulten Äpfeln im Gras, gingen durch den Park, vorbei am kommunalen Steinbeet, wo jetzt keine Blumen mehr blühten, und am weißen Pavillon, wo die Holzbänke gestapelt waren. Wir sprachen nicht. Wir waren noch nicht ganz wach. Wir gingen, jede für sich, nebeneinander durch den Regen.

Maries Mutter bezahlte für uns beide, jede bekam einen Spindschlüssel. Sie blieb noch einen Moment stehen und unterhielt sich mit dem Mann an der Kasse. Ich dachte, dass er mit ihr flirtete und ihr das gefiel.

In der Garderobe schob ich den Schulranzen unter die Holzbank, zog mich schnell aus und stellte mich unter den harten Duschstrahl. Ich wusch mich gründlich, dann streifte ich den Badeanzug über und lief zitternd durch den Gang, der in die Halle führte.

An diesem Morgen waren nicht viele Leute im Becken, nur ein paar besonders sportliche Alte sowie zwei Schwangere, die plaudernd nebeneinanderher schwammen.

Ich stieg ins lauwarme Wasser und begann zu schwimmen. Die Bewegungen erschienen mir langsamer als sonst. Mein Körper war ganz ruhig, als ob ich schliefe und gleichzeitig wach wäre.

Nach einer halben Stunde stieg Maries Mutter aus dem Wasser, und ich folgte ihr. Außer uns war niemand in der Dusche. Wir zogen die Badeanzüge aus und Maries Mutter fragte, ob sie mir den Rücken einseifen solle. Ich sagte Ja, sie nahm die grüne Seife und schäumte sie zwischen den Händen auf. Ihre weichen Hände auf der Haut waren wunderbar.

Große Schaumflocken fielen auf die Kacheln und verschwanden sofort im Abfluss.

– Soll ich dich ganz einseifen?

– Ja, gerne, sagte ich.

Sie rieb mir die weiße Creme über den ganzen Körper, ich stand einfach da, schwankte leicht. Mir war warm, ich fühlte mich dösig. Ihre Hände strichen schnell über meinen Po, da ergriff etwas Überwältigendes Besitz von mir. Ich hoffte, dass sie nichts bemerkte. Sie soll nicht zu schnell fertig sein, dachte ich, sie soll noch ein wenig weitermachen. Sie ließ die Hände über meinen Bauch gleiten, ganz rasch, aber das genügte, mir entfuhr ein kleiner Hickser, den ich mit einem Räuspern zu überdecken versuchte, sie konnte nichts bemerkt haben, denn sie begann, mir Shampoo ins Haar zu reiben, dabei summte sie vor sich hin und war wie in Gedanken, etwas entrückt, ich war erleichtert, denn das gab mir die Gelegenheit, gründlich auszuatmen.

– Ist das gut?, fragte sie.

– Mm, antwortete ich.

– Du hast so schöne, lange Haare, Laura.

– Danke.

– Versprich mir, dass du sie nie abschneidest.

Wir trennten uns vor dem Schwimmbad. Maries Mutter hatte etwas in der Stadt zu erledigen, und die Schule lag in der entgegensetzten Richtung. Ich versuchte nicht an das zu denken, was geschehen war, aber als ich abends im Bett lag, spürte ich deutlich ihre Hände auf meinem Körper.

Maries Vater lebte in Amerika und schickte ihr manchmal Pakete. Wenn eine solche Sendung eintraf, setzten wir, Marie, ihre Mutter und ich, uns um den Esstisch und taten erstmal eine Zeit lang nichts anderes als dieses Wunder anzuschauen, das über und über mit fremden Briefmarken und Zetteln beklebt war.

Dann hob Marie das Paket hoch und wog es in den Händen, bevor sie die Schnur durchschnitt und das dicke Papier zu zerreißen begann. Langsam kam der Inhalt zum Vorschein. Es konnten Glanzbildchen sein, eine Barbie-Puppe, Kaugummi, Comics mit Supergirl, Wonder Woman und Mera. Einmal bekam sie ein Peanuts-Heft, und als Maries Mutter die kurzen Bilderstreifen ins Norwegische übersetzte, war ich so begeistert, dass ich fast auf dem Stuhl herumhüpfte. Marie gab mir das Heft und sagte, ich könne es behalten. Ich umarmte sie fest und hätte fast geweint. *A smile makes a lousy umbrella* stand auf dem Umschlag, ich hatte es jahrelang unter dem Kopfkissen.

Marie schrieb ihrem Vater regelmäßig Briefe, in denen sie erzählte, was sie tat, wie es ihr ging und was sie sich wünschte. Rechtzeitig bevor sie vierzehn wurde, zeichnete sie unsere Umrisse auf ein Blatt Papier. Daneben notierte sie Größe, Brust- und Hüftumfang und schrieb ganz unten auf die Seite, dass wir uns neue Nachthemden wünschten.

Eines Nachmittags traf ich Maries Mutter vor dem Postamt. Sie hatte ein Paket abgeholt. *Airmail* stand auf einem

Aufkleber, *United States Postal Service* auf einem anderen. Es konnte keinen Zweifel geben, was es enthielt. Ich sah schon die eleganten Kleidungsstücke vor mir, sah den weichen Fall des Stoffes, wenn wir sie trugen. Ich stellte mir Maries Mutter darin vor, stellte mir vor, wie unter dem hauchzarten Stoff ihre Brüste zu sehen waren. Sie konnte damals in der Dusche nichts bemerkt haben, dachte ich, das hätte ich in ihrem Blick gesehen. Sie hätte anders mit mir gesprochen, oder vielleicht gar nicht mehr. Sie wäre mir ausgewichen.

Die Nachthemden waren cremegelb und hatten eine rosa Seidenschleife auf der Brust. Sie waren nicht ganz so gewagt, wie ich mir vorgestellt hatte, aber wir trugen sie jedes Mal, wenn ich bei Marie übernachtete. Wir schliefen so lange darin, bis sie fadenscheinig und löchrig waren. Erst zu Beginn der Oberstufe, an einem Abend im Spätherbst, dämmerte es uns beiden gleichzeitig, dass die Tage der Nachthemden gezählt waren. Wir putzten uns bei Marie im Bad die Zähne, und da, in diesem kalten, weißen Licht, sahen wir plötzlich, wie seltsam unsere fast ausgereiften Körper in diesen viel zu kleinen Hemden waren.

Wir kamen überein, sie in dieser Nacht zum letzten Mal zu tragen und vereinbarten vor dem Einschlafen, sie in dem Laubhaufen hinten im Garten zu verbrennen.

– Als Zeichen dafür, wie viel Zeit vergangen ist, sagte Marie.

Dafür, dass unsere Zeit vorbei ist, dachte ich. Dann lag ich da, rastlos, leer, verlassen, und als ich mitten in der Nacht aufwachte, befiel mich plötzlich der Gedanke, dass ich nach Hause müsse, heim zu meinem Vater, weil auch er verlassen und allein war. Mein Vater ist einsam, dachte ich. Er liegt mit offenen Augen im Dunkeln und sehnt sich nach uns. Er sehnt sich nach meiner Mutter. Er kann nicht schlafen. Er hat nicht geschlafen, seit sie im Meer verschwand. Er liegt eingekapselt im Dunkeln, starrt vor sich hin und hofft, dass sie wiederkommt, dass ich zu ihm komme und ihm sage, dass alles in Ordnung ist, dass jetzt alles gut ist, dass ich ihn gernhabe, dass auch ich mich sehne.

Ich sah auf die Uhr. Es war Viertel nach fünf. Ich lauschte, ob Marie auch wirklich schlief, dann zog ich mich an und schlich aus dem Zimmer.

Unten im dunklen Flur zog ich Jacke und Schuhe an. In der Tasche fand ich einen Kaugummi, ich riss das grüne Papier ab und steckte ihn in den Mund. Dann öffnete ich die Haustür und trat auf die Betontreppe hinaus. Es regnete in Strömen. Ich hob den Kopf, blieb eine Zeit lang mit offenem Mund stehen. Dann ging ich mit schnellen Schritten los, lief fast an den Hecken und Zäunen entlang. Schritte und Kauen geschahen im Takt, sie bildeten einen Rhythmus. Mir kam zum ersten Mal der Gedanke, dass ich nervös war, genau das war ich, nervös, überspannt, verschreckt.

Als ich nach Hause kam, war die Haustür abgeschlossen, und der Schlüssel, der immer unter der Matte lag, war weg. Ich spuckte den Kaugummi in den Kies und klingelte. Niemand kam. Ich klingelte noch einmal, niemand kam, um zu öffnen. Ich stand vor der Tür. Ich war müde, ich fror, ich wollte nur in mein Bett und schlafen. Ich klopfte so fest ich konnte, dann kehrte ich um. Auf dem schmalen Kiesweg knirschte es unter meinen Schuhen, es war das einzige Geräusch auf der Welt, dieses Knirschen unter den dicken Sohlen, dann stand ich auf dem Bürgersteig, und das Geräusch hörte auf.

Ich ging in Richtung Park, wusste nicht warum, tat es einfach nur, am Pavillon setze ich mich auf eine der Bänke, die unter dem gewölbten Dach standen. Dort war ich ein wenig vor den scharfen Windböen geschützt. Ich saß in der Morgendämmerung und lauschte. Ich war nass bis auf die Knochen. Mein Atem bildete Rauchwölkchen. Ich sah die Müllabfuhr vorbeifahren, die Bremsen kreischten, als der Laster unten in der Straße hielt, dann rumpelten die Mülltonnen.

Ich stand auf, wollte wieder nach Hause gehen. Vielleicht stand ein Fenster offen. Es ärgerte mich, dass ich beim Klingeln, als mir noch warm war, nicht daran gedacht hatte. Es ärgerte mich, dass ich immer so schnell unter Druck geriet, dass ich es nicht schaffte, klar zu denken, mir einen Überblick zu verschaffen. Das war typisch ich: Statt einfach und logisch auf Dinge zu reagieren, verlor ich den Orientierungssinn, begann mich aufzuregen, mich abzumühen, kopflos durch die Gegend zu rennen.

Ich war am Rande des Parks, als sich eine lange, gebeugte Gestalt näherte. Andreas. Er kam mit einer Schubkarre, blieb an einem Beet stehen und harkte. Dann sah er mich, richtete sich auf und kam herüber.

– Bist du so früh unterwegs?

Ich sagte, dass ich auf dem Heimweg sei.

Er zog seinen Mantel aus und legte ihn mir über die Schultern. Ich bedankte mich und ging. Ich drehte mich nicht um und konnte es daher nicht überprüfen, aber ich war sicher, dass er mir nachsah. Ich spürte es, wusste, dass er mir mit dem Blick folgte.

Als ich wieder vor unserer Tür stand, sah ich Vaters blauen Angeleimer. Er war voll Fischinnereien und schleimigem Wasser. Ich klingelte. Ich presste den Finger auf die Klingel, drückte den Knopf, bis ich jemanden im Flur hörte. Erst dann ließ ich die Hand sinken, und das Summen hörte auf.

Kaum ging die Tür auf, stürzte ich mich auf meinen Vater und begann ihn zu schlagen. Ich konnte mich nicht beherrschen. Ich hämmerte ihm auf die Brust, drosch mit den Fäusten auf ihn ein. Er blieb stehen, schützte sich nicht, wich nicht aus, sagte nichts, bis ich vor seinen Füßen auf den Boden sank und zu weinen begann.

– Ich glaube, du solltest ein bisschen schlafen, sagte er.

Ich ging in mein Zimmer, legte den Mantel ab, riss mir die feuchten Kleider vom Leib und kroch unter die Decke. Ich zitterte und hatte Kopfschmerzen.

– Willst du etwas Warmes zu trinken?, fragte mein Vater von der Tür aus.

– Nein, sagte ich.

– Können wir nicht versuchen, Freunde zu sein?

– Meinetwegen, sagte ich. Wer fängt an?

Ich legte mich auf die Seite und machte die Augen zu. Ich hörte, wie die Tür geschlossen wurde, die Schritte meines Vaters entfernten sich in Richtung Küche. Eine Tür ging auf und zu, dann war alles still. Ich faltete die Hände, nicht um zu beten, nicht um mit Gott zu reden, sondern um vorbereitet zu sein, falls er zu mir Verbindung aufnehmen wollte. Mit gefalteten Händen war ich schon einmal zugeschaltet, dachte ich, falls Gott es wichtig fand, falls er Lust darauf hatte, konnte er mir jederzeit erzählen, was er auf dem Herzen hatte.

Ich sah Andreas vor mir. Er stand immer noch am Pavillon und sah mir nach, das war nicht bedrohlich, es war ganz in Ordnung. Er glich einer Statue. Nein, er glich einem Baum, dieser Andreas. Er stand da und wachte über mich.

Ich blieb den ganzen Tag im Bett, das Telefon klingelte ein paar Mal, ich antwortete nicht. Erst gegen Abend stand ich auf und zog ein Hemd über. Es dämmerte. Im Halbdunkel gingen die Straßenlaternen an, dabei flackerten sie ein wenig. Unten in der Küche schmierte ich mir Brote und machte Kaffee. Während ich aß, sah ich, dass zwischen Kühlschrank und Wand etwas steckte. Ich spähte in den schmalen Spalt. Es sah aus wie ein dünnes Heft, ein zerschlissenes Buch. Ich versuchte den Kühlschrank zu verrücken, aber der war am Linoleum festgewachsen. Ich ging in den Flur und öffnete den Garderobenschrank. Dort stand der Werkzeugkasten meines Vaters, auf dem Deckel lag ein Brecheisen. Ich trug die schwere Stange in die Küche, schob sie in den Spalt und drückte. Der Kühlschrank löste sich vom Boden, neigte sich zur Seite und gab dabei ein Brummen von sich, als wäre er ein Lebewesen, ein ängstliches Geschöpf. Ich beugte mich vor und bekam das Buch zu fassen. Es war *Die Geschichte vom Entchen Gulltull.*

Ich legte das Brecheisen auf die Arbeitsplatte und schob den Kühlschrank zurück, er hatte an der Seite eine Delle bekommen, aber das interessierte mich nicht. Ich wischte mit einem Lappen Fett und Staub von dem Buch, setzte ich mich wieder an den Tisch und las es von vorn bis hinten.

Als ich fertig war, schob ich es weg und trank einen Schluck Kaffee. An der anderen Seite des Tisches sah ich meine Mutter, nur kurz und ganz undeutlich, sie war so schnell wieder fort, dass ich sie nicht einmal begrüßen konnte.

Ich fror in dem dünnen Hemd. Das Gras im Garten leuchtete frostweiß, auf den Pfützen lag eine dünne Eisschicht. Mir fiel ein, das Andreas seinen Mantel brauchte.

Ich nahm Streichhölzer und eine dicke Kerze und ging ins Bad. Als der Docht brannte, löschte ich die Deckenlampe. Ich drückte den Stöpsel in den Abfluss, schüttete reichlich Badeöl in die Wanne und zog mich aus.

Ich legte mich ins dampfende Wasser. Der Fichtennadelduft war betäubend. Ich betrachtete meine Füße. Der rote Nagellack war fast verschwunden, die Nägel wirkten größer, unförmiger, wie angeschwollen. Sie erinnerten an Marshmallows, ich bekam Lust, mich vorzubeugen und sie mit der Zunge herauszufischen. Ich wusste nicht, ob ich den Anblick komisch finden sollte oder ob es eine furchtbare Entdeckung war. Ich kam mir vor wie nur ein loser Kopf und ein paar Zehen, die auf dem Wasser trieben, der Rest von mir war weg, ich hatte mich unter dem Schaum aufgelöst. Haut, Fleisch, Knochen samt Mark, alles war zu Schleim geworden, zu nichts.

Mit einer jähen Bewegung zog ich die Knie hoch. Da waren sie beide, zum Anfassen, ganz real. Ich hob die Arme, auch sie waren ohne Frage vorhanden. Ich umarmte meine Beine. Dann stand ich auf und stieg aus der Wanne.

Als ich mich bückte, um das Wasser abzulassen, kam mir der Gedanke, unten in der Wanne läge meine Mutter, gleich würde ihr gequollener Körper auftauchen und aufplatzen. Schnell streckte ich die Hand hinein, ertastete den kleinen Gummistopfen und zog ihn heraus. Im Abfluss gurgelte und schluchzte es. Ich raffte meine Kleider vom Hocker und eilte hinaus.

Vor Andreas' Haus blieb ich stehen. Ich wollte klingeln, aber beschloss dann, lieber den Mantel an die Türklinke zu hängen. Das war nicht so einfach, weil am Kragen kein Aufhänger war. Ich versuchte den Mantel an die Klinke zu klemmen, aber auch das ohne Erfolg. Ich sah mich um, im Haus hörte ich Stimmen und Applaus. Ich nahm den Mantel und ging schnell wieder zum Gartentor. Dort blieb ich stehen und blickte zurück. Hinter den Wohnzimmerfenstern flackerte das blaue Fernsehlicht. Ich lehnte mich mit dem Rücken an den Torpfosten und versuchte mich zu sammeln. Da sah ich am anderen Pfosten den Briefkasten. Ein großer, brauner Kasten. Ich öffnete die Klappe und begann, den Mantel hineinzustopfen. Als ich die Hälfte drin hatte, hörte ich Schritte auf dem Kies, drehte mich aber nicht um, um zu sehen, wer kam.

– Hallo, Laura.

Es war Andreas, aber ich antwortete nicht. Ich versuchte den Mantel wieder herauszuziehen, doch er hing irgendwie fest.

– Trägst du Zeitungen aus?, fragte Andreas.

– Nein, ich wollte nur den Mantel zurückbringen.

Er half mir, ihn loszubekommen, und fragte dann, ob ich vielleicht kurz mit hineinkommen wolle.

– O. K., sagte ich.

Er hielt mir die Tür auf, wartete, bis ich Jacke und Schuhe ausgezogen hatte, und führte mich in ein geräumiges Wohnzimmer mit großen Fenstern zum Garten. Unter der Straßenlaterne sah ich den Torpfosten, an dem ich gestanden hatte. Mir ging durch den Kopf, wie schwierig immer alles wurde, obwohl es in Wahrheit ganz einfach war: An der Tür klingeln, den Mantel abgeben, bitte sehr, auf Wiedersehen.

Als ich Andreas' Frau Johanna begrüßte, tat ich etwas, womit ich eigentlich schon lange aufgehört hatte: ich machte einen Knicks. Sie fragte, ob ich Hunger hätte, sagte, sie wollten bald zu Abend essen. Ich blickte auf meine Füße, eine

Socke hatte ein Loch. Ja, doch, ein bisschen Essen wäre schön, antwortete ich.

An einer Wand hingen Fotos. Ich sah sie mir an. Vor allem eines fiel mir auf: Ein Schwarzweißbild einiger ernst dreinblickender Männer vor einer hohen Mauer, an der eigenartige, palmenartige Büsche wuchsen.

– Das ist in England, sagte Andreas. Findest du mich?

Ich schüttelte den Kopf, spürte meine Wangen warm werden.

– Ich bin der zweite von links. Kein Wunder, dass du mich nicht erkannt hast, da war ich gerade achtzehn. Damals habe ich in Berkshire gewohnt, in Chilton. Ich habe da eine Gärtnerlehre gemacht.

Er sah mich an.

– Warst du schon einmal in England?

– Nein, aber meine Mutter kam aus Newcastle.

– Ja, das mit deiner Mutter war schlimm.

Ich sah wieder auf meine löchrige Socke.

– *C'est la vie*, sagte ich.

Wir setzten uns an den Küchentisch, und ich dachte, wenn uns jetzt jemand fotografieren würde, sähen wir aus wie eine ganz normale Familie. Johanna schenkte Tee ein. Sie hatte Sandwiches mit kaltem Hühnchen und eingelegten Gurken gemacht. Eigentlich mochte ich eingelegte Gurken nicht, aber ich bediente mich höflich, und es schmeckte wirklich ganz gut.

Andreas erzählte von seiner Lehrzeit in England, davon, wie sie im Schutz sonnenwarmer Mauern Obstbäume züchteten, die Äpfel in Seidenpapier wickelten und vorsichtig in Kisten legten, wie sie aus einem See Eisblöcke heraushackten und auf Karren in ein Kühlhaus brachten, das im Schatten hoher Bäume unter der Erde lag. Dort hielten sich die Blöcke bis zum Sommer, und es war sogar, wenn der Frost wiederkam, noch etwas übrig.

Ein paar Tage später begegnete ich Andreas wieder. Ich war in der Bibliothek gewesen, und als ich an seinem Haus vorbeiging, arbeitete er im Garten. Er sagte, er habe mich anrufen wollen, weil er auf dem Dachboden ein paar Filmspulen gefunden habe, es seien alte Aufnahmen, in einem der Filme seien meine Mutter und ich zu sehen. Wenn ich Zeit hätte, könne er sie mir gern zeigen.

Im Flur war ich so aufgeregt, dass ich vergaß, Mantel und Schuhe auszuziehen. Ich folgte Andreas ins Wohnzimmer und setzte mich aufs Sofa. Er stellte den Projektor auf, und als der so weit war, machte Andreas das Licht aus und zog die Vorhänge vor.

17. Mai. Nationalfeiertag. Ein grauer Tag. Verblasste Farben. Es dauerte nicht lange, bis ich in der Menschenmenge meine Mutter entdeckte. Sie schob einen cremegelben Sportwagen, in dem ich saß und Eis aß. Meine Mutter trug ein hellblaues Kostüm. Das lange Haar war offen. Sie sah gut aus. Sie beugte sich vor und deutete auf etwas außerhalb des Bildes, vielleicht meinen Vater und Magnus. Dann machte die Kamera ein Schwenk und fing die marschierenden Mädchen vom Musikkorps ein.

– Willst du es noch einmal sehen?, fragte Andreas.

Er spulte den Film zurück und ließ ihn wieder laufen, es war derselbe graue Tag, dieselben blassen Farben, und da war meine Mutter mit dem schönen Haar. Mir kam der Gedanke, dass sie Heimweh haben könnte, dass sie sich zwar für das Verschwinden entschieden hatte, es jetzt aber bereute und sich wieder zurückwünschte. Ich war sicher, dass sie, wenn sie die Wahl hätte, nach Hause käme.

Ich bat darum, den Film noch einmal sehen zu dürfen. Danach gingen wir in die Küche, Andreas zündete eine Kerze an und machte uns Käsetoast. Er redete nicht über den Film, und das war gut so. Ich sah in den Garten hinaus. Plötzlich wurde mir schlecht. Es kam völlig überraschend. Vielleicht war es der Stearingeruch, vielleicht der warme Käse. Plötzlich registrierte ich jede Kleinigkeit, sämtliche alltäglichen Bewegungen. Ich sah das Flackern der Flamme, Andreas' große Hände auf dem Wachstuch, meine Mutter, die sich im bleichen Licht vorbeugte und ins Nichts deutete.

Den Film mit meiner Mutter sah ich nie wieder. Ich erinnerte mich an jedes Detail, jede kleine Bewegung, aber ich versuchte nicht zu viel daran zu denken, das störte nur.

Nichts

Ich saß in der Küche und schrieb einen Aufsatz fertig, den ich am nächsten Tag abgeben musste. Die Aufgabe, die ich gewählt hatte, lautete: Schreibe einen Text von 4 bis 5 Seiten über eine bekannte Persönlichkeit, die dir für die Nachkriegszeit bedeutsam erscheint. ich schrieb über die amerikanische Schauspielerin Lucille Ball.

Als ich fertig war, wollte ich Marie besuchen. Ich ging ins Wohnzimmer, um mich von meinem Vater zu verabschieden, aber er schlief im Lehnstuhl, also weckte ich ihn nicht, sondern schlich leise hinaus.

Es wehte ein harter, böiger Wind. Ich kämpfte mit dem Schirm, der sich immer wieder umstülpte. Schließlich gab ich auf, klappte ihn zu und rannte das letzte Stück.

Maries Mutter öffnete. Sie wirkte nervös und sprach schneller als sonst. Sie sagte, Marie sei beschäftigt, aber ich könne unten im Souterrain warten.

Dort war eine Art zweites Wohnzimmer, ich schaltete den Kassettenrekorder an und legte mich bäuchlings auf den Kissenberg. Etwas schläfrig betrachtete ich die Fototapete an der Stirnwand und versuchte mir vorzustellen, dass ich an einem Strand mit Palmen und sanften Wellen lag. Candi Staton sang »Young hearts run free«, und ich schaute direkt in den Sonnenuntergang.

Irgendwann kam Marie. Sie knallte die Tür ins Schloss und fluchte.

Ich fragte, ob etwas nicht in Ordnung sei.

– Nichts ist Ordnung, sagte sie. Gar nichts ist in Ordnung.

Ihre Mutter hatte einen neuen Freund, sie würden nach Drammen umziehen.

Ich setzte mich zu ihr und versuchte Worte zu finden, um sie zu trösten, aber es gab keinen Trost.

Ich hörte Maries Mutter direkt über uns durch den Flur gehen, hörte die Haustür zufallen, hörte ihre Schritte auf den Steinplatten. Ich dachte, dass ich sie nie wieder sehen würde, dass sie ohne Abschied abreiste, dass ich Maries Mutter zum letzten Mal gesehen hatte. Am liebsten wäre ich hinter ihr hergelaufen, um ihr zu sagen, dass sie nicht reisen dürfe, dass sie für immer bei mir bleiben müsse.

– Sie geht bestimmt ins Kino, schnaubte Marie. Das macht sie immer, wenn wir uns gestritten haben.

Sie stand auf und zog mich mit. Wir gingen nach oben in die Küche, dort nahm Marie zwei Flaschen selbstgemachten Pflaumenwein. Aus ihrem Zimmer holte sie ihre Cooly-Mentholzigaretten, dann kehrten wir ins Souterrain zurück.

Wir rauchten und tranken, bald hatten wir ordentlich einen sitzen.

– Wir müssen immer beste Freundinnen bleiben, sagte Marie und umarmte mich.

– Heiliges Ehrenwort, sagte ich.

– Laura, du bist meine allerallerallerbeste Freundin, verkündete Marie in pathetischem Ton. Laura, komm, wir spielen ein bisschen.

– Marie, du bist mein Muschikätzchen. Komm her, du süßes Möslein, grölte ich, dann zog ich sie vom Sofa hoch und wir begannen, eng umschlungen zu tanzen.

Als ich aufwachte, schlief Marie neben mir auf dem Sofa. Ich schleppte ich mich mühsam aus dem Zimmer und die Treppe hinauf. Als ich die Badezimmertür öffnete, schaffte ich es gerade noch zur Kloschüssel, bevor der Pflaumenwein wie eine saure Fontäne aus mir herausschoss.

Danach drehte ich den Hahn auf, hielt den Kopf lange unter den kalten Strahl, nahm etwas Zahncreme in den Mund, schlürfte Wasser hinterher und gurgelte. Mein Gesicht war weiß wie Schimmelpilz, ich sah alt und erschöpft aus.

Ich ging wieder nach unten, leerte die Aschenbecher in den Ofen, räumte die Flaschen weg, stellte das Fenster auf Kipp. Marie plapperte im Halbschlaf vor sich hin, ich dachte, ich sollte sie eigentlich wecken, aber ich beugte mich bloß über sie und sagte flüsternd, ich müsse gehen.

Draußen hatte sich der Wind gelegt, und es regnete nicht mehr, trotzdem öffnete ich den Schirm. Auf der anderen Straßenseite sah ich Maries Mutter. Sie winkte und rief mir etwas zu, aber ich blieb nicht stehen, sondern ging rasch weiter.

Am Tag nach Maries Umzug saß ich im Park und dachte an unseren verdrucksten, trübseligen Abschied. Ich sah ihr trauriges Gesicht vor mir, wie wir am Auto standen und sie sich vorbeugte, um mich zu umarmen. Sie drückte mich lang und fest und flüsterte leise, dass ich sie nie vergessen dürfe und wir müssten uns jeden Tag schreiben. Ich konnte nichts sagen, nur nicken, und bevor sie einstieg, steckte sie mir eine Schachtel Cooly zu. Ich nahm sie und hielt meinen Blick darauf gesenkt. Als ich wieder hochschaute, war das überladene Auto schon angefahren, im Rückfenster sah ich Marie, die winkte.

Ich legte die flachen Hände auf die sonnenwarme Bank, spreizte die Finger. Da fiel mein Blick auf etwas, das ich sofort erkannte. Im gestreiften Licht unter der Bank lag Maries Haargummi. Ich hob ihn auf, zog ein langes, blondes Haar heraus und wickelte ihn mir ums Handgelenk. Ein türkisfarbener Gummi, ein Haar und eine Zigarettenschachtel; das war alles, was mir von Marie geblieben war.

Ich kramte in der Schultertasche nach der Schachtel. Es waren nur noch drei Zigaretten drin. Ich steckte eine in den Mund und zündete sie an, die beiden letzten wollte ich aufbewahren, bis Marie und ich uns wiedersahen. Ich fühlte mich rastlos und traurig, aber dieser Pakt, diese Beschwörung taten mir gut.

Ich rauchte und blinzelte in die Sonne. Der scharfe Mentholgeschmack wirkte beruhigend. Mir kam der Gedanke, dass es schön wäre, ans Meer zu radeln, dass ich mich lange nicht mehr gesonnt hatte und mein Körper mal wieder etwas Farbe bekommen sollte. Während ich so dasaß und Pläne machte, bog ein weißer Sportwagen in die Hauptstraße ein. Am Steuer saß eine Frau. Sie trug einen eleganten, rosafarbenen Schal und eine große Sonnenbrille. Es war vermutlich die Frau, die den neuen Friseursalon in der Kaigate eröffnet hatte. Es hieß, sie sei geschieden und habe einen Sohn. Ich überlegte, was ich Marie über sie erzählt hätte; dass sie eine reiche und geile Oberschichtfrau war, dass sie auf dem Weg zu ihrem Liebhaber war, vielleicht, dass sie es mit dem Metzger trieb.

Ich schaute wieder auf den Haargummi und versuchte mir Maries Gesicht vorzustellen. Es gelang mir nicht. Es war unmöglich. Ihre Züge waren fort, vom Sonnenlicht getilgt.

Andreas' und Johannas Garten lag im Schutz hoher Bäume. Auf der Rückseite des Hauses, am Rand des Grundstücks, wuchsen verschiedene Arten Minze und Thymian. An der Südwand standen die frostempfindlichen Obstbäume, im Treibhaus wurden Ananas, Feigen und Zitronen gezüchtet.

Als es Frühling wurde, half ich Andreas beim Zusammenrechen des alten Laubs. Ich ging neben dem alten Mann her, lauschte seiner Stimme und passte genau auf, wenn er mir zeigte, wie man Bäume pfropfte und beschnitt. Manchmal wenn wir so zusammen waren, hatte ich kurz das Gefühl, dass ich über mein Leben bestimmte. Manchmal ertappte ich mich sogar bei dem Gedanken, dass alles ganz einfach war.

Vor den Ferien fragte Andreas, ob ich wohl die Blumen gießen und den Rasen mähen könne, solange er und Johanna verreist seien, ich sagte Ja, ich würde nirgendwohin fahren, das gehe also in Ordnung.

Am Tag vor ihrer Abreise radelte ich zu ihnen, Andreas erklärte mir, welche Pflanzen wie viel Wasser brauchten und welche einige Tage ohne auskamen. Er fragte, ob er das noch aufschreiben solle, aber ich sagte, das sei nicht nötig, ich hätte es mir gemerkt, und deutete erst auf die Pflanzen in den großen und kleinen Beeten, dann auf die Gewächse in den Töpfen und wiederholte, was er gesagt hatte.

Als er mir noch gezeigt hatte, wie man den Gartenschlauch anschloss, gingen wir hinters Haus und setzten uns an den Tisch unter dem Birnbaum. Johanna brachte Johannisbeerwein. Er war schön rot, und als ich daran nippte, breitete sich im Mund eine bittersüße Wärme aus. Schon nach einem halben Glas fühlte ich mich benommen. Ich glitt in einen Zustand des Wohlbefindens und der Zufriedenheit. Weil es so warm war, stieg mir der Alkohol offenbar direkt in den Kopf. Ich lehnte mich auf dem Gartenstuhl zurück. Andreas und Johanna unterhielten sich ruhig und freundlich. Es war windstill. Ein weißer Schmetterling setzte sich auf meinen Arm. Ich döste ein.

Als ich aufwachte, war es schon spät, und ich musste gehen. Johanna umarmte mich und Andreas schüttelte mir die Hand, dann steckte er mir einen Hundertkronenschein zu, als kleinen Vorschuss auf den Lohn. Ich bedankte mich und wünschte ihnen eine gute Reise, an der Hausecke drehte ich mich um und winkte.

Ich radelte ins Zentrum, rollte langsam durch die Straßen. Vor dem neuen Friseursalon stieg ich ab. Auf dem Schaufenster stand mit zierlichen Buchstaben *Salon Vivian*.

Ich stellte mich dicht ans sonnenwarme Glas, legte die Hand über die Augen und spähte in den frisch renovierten Raum. Der Salon hatte schon geschlossen, es war niemand da. Flaschen und Töpfe standen in Reih und Glied, die Porzellanbecken schimmerten, auf einem Glastisch lagen Zeitschriften und Illustrierte in ordentlichen Stapeln. Alles wirkte blitzsauber und frisch.

Der weiße Sportwagen parkte halb auf dem Bürgersteig. Er glich einem großen Meereswesen, wirkte, als ruhe er sich nur kurz aus und könne jederzeit weitereilen. *Volvo* stand in silberglänzenden Buchstaben dran, und *1800S*.

Ich ging hinüber, beugte mich vor und musterte die roten Ledersitze. Da saß man sicher weich, dachte ich, man konnte sich bestimmt phantastisch darin zurückzulehnen. Das Armaturenbrett hatte schöne Instrumente. Es war, als stehe man vor einer Zeitmaschine, als schaue man in die Zukunft.

In diesem Sommer radelte ich jeden Tag zum Baden ans Meer. Ich stand in aller Herrgottsfrühe auf und streifte mir, noch im Halbschlaf, etwas Einfaches über: eine Unterhose aus der Schublade, ein Kleid aus dem Schrank. Ich frühstückte, meist nur eine Tasse Kaffee und einen Keks, putzte mir die Zähne, nahm das Handtuch und packte es mit dem Bikini in die alte Stofftasche.

Ich hatte eine kleine, abseits gelegene Bucht gefunden, wo ich ungestört war. Zum Abkühlen ging ich gern in die schwache Brandung. Es war, als schwebte man in einer verzauberten Welt, all das Weiche, Klare, Wogende machte mich gleichsam schwerelos. Ich schwamm und plantschte eine Zeit lang, dann stapfte ich an Land, legte mich aufs Handtuch und las *Der Tod und das Mädchen*, das ich auf dem Flohmarkt in der Turnhalle gekauft hatte. Es tat gut, nur so im grellen Licht zu liegen und in einer Geschichte über Liebe und Mord zu versinken, während mir die Sonnenbrise die Haut trocknete.

An klaren Tagen spielte ich manchmal mit der Vorstellung, bis nach Amerika sehen zu können, und dachte an all das, was verschwunden war. All das, was zur Kindheit gehörte, als wäre die Kindheit ein anderes Leben, ein anderer Ort, etwas, das ich geträumt oder mir eingebildet hätte.

Eines Morgens, ich rieb mich gerade mit Kokosöl ein, kam ein kleiner Trupp Austernfischer. Sie suchten sicher Muscheln oder Garnelen und spazierten ganz furchtlos an mir vorbei. Klipp-klipp, kommandierte der Truppenführer in seinem schrillen Organ. Klipp-Klipp antworteten die Soldaten. Warum, weiß ich nicht, aber bei diesem Anblick verspürte ich so etwas wie Glück. Ich legte mich in den Sand. Vom Sägewerk wehte der Duft von frisch gesägtem Holz herüber, der Meereswind trieb die süßlichen Harzschwaden heran, sie mischten sich mit dem Geruch der Netze, die in meiner Nähe zum Trocknen aufgehängt waren, und dem Gestank der Fischeingeweide, die man den Möwen hingeworfen hatte.

Ich lag reglos da und sog die Gerüche meiner Umgebung ein, bis mich jemand ansprach und die Ruhe störte.

– *Excuse me, dear*, sagte eine Frauenstimme.

Ich setzte mich auf und beschattete die Augen mit der Hand. Vor mir standen ein Mann und eine Frau. Beide trugen Baseballkappen und Sonnenbrillen, sie waren vielleicht Mitte fünfzig.

– *Excuse me, dear*, wiederholte die Frau. *Is this sand natural or did they bring it in?*

Ich war es nicht gewohnt, Englisch zu sprechen, das Ganze überrumpelte mich etwas, aber ich versuchte so gut zu antworten wie ich konnte. Die Frau wie der Mann nickten und sagten *wonderful* und *thank you* und *have a nice day*, bevor sie in Richtung Mole weitergingen. Die Frau wippte mit dem ganzen Körper, sie sagte etwas und der Mann lachte mit zurückgeworfenem Kopf. Ich folgte ihnen mit dem Blick, bis sie die Landzunge am Krabbestien umrundet hatten.

Träge sank ich auf die weiche Unterlage zurück und dachte, wie schön es wäre, wenn meine Mutter und mein Vater dort gingen, so verliebt, so zugewandt, so glücklich.

Über mir flogen Küstenseeschwalben. Ich blickte einer nach, die sich aus der Schar löste und lotrecht zur Wasseroberfläche hinabstürzte. Sie tauchte sofort wieder auf, glänzend und kraftvoll, im Schnabel den zappelnden Fang.

Wenn ich zurückradelte, war es noch immer früh am Tag, die kleine Stadt wachte langsam auf. Die Luft war voller Gerüche: Sonnenwarmer Asphalt, frisches Brot und verdorbenes Fleisch. Aus manchen offenen Fenstern wehte der freundliche Duft von Tabakrauch und frischem Kaffee.

Auf dem Weg machte ich in der Bibliothek halt. Der kleine Raum war heiß und stickig. Der Bibliothekar fuhr gerade die orangefarbene Markise aus, die das Licht dämpfte und wärmer machte. Er nickte mir zu und sagte Guten Morgen, ich grüßte zurück, dann schlenderte ich durch die Regalreihen.

In der Abteilung Gartenbücher wählte ich *Flora in Farben*, *Obstanbau in Norwegen* und ein schmales Bändchen mit dem Titel *Von der Verbreitung der Samen*, bei der Belletristik strich ich mit einem Finger über die Buchrücken. Dabei schloss ich die Augen, machte ein paar Schritte, blieb stehen und schaute, welches Buch mein Finger ausgewählt hatte. Sigurd Hoel stand da in blaugrüner Schrift, darunter, in Großbuchstaben, NICHTS. Ich schlug die erste Seite auf und las: »Er war neunzehn Jahre alt. Es war Sommer und er war allein, ganz einsam in der Stadt.«

Es folgt die Süße

Ich war bei Andreas und Johanna gewesen, um die Blumen zu gießen und den Rasen zu mähen, als ich nach Hause kam, lagen zwei Briefe im Postkasten. Einer war an meinen Vater adressiert und in Trondheim abgestempelt. Er war bestimmt von Magnus. Ich hielt ihn gegen das Licht und versuchte den Inhalt zu lesen, aber das war nicht möglich. Der andere Brief war von Marie. Ich erkannte ihre kritzelige Schrift, drehte und wendete den Umschlag. Es war das erste Lebenszeichen seit ihrem Umzug.

Ich ging zum Haus, blieb jedoch an der Treppe stehen. Eine starke, feuchte Bö fuhr durch den Garten. Ich legte den Kopf in den Nacken, spürte Regentropfen auf dem Gesicht und dachte, ich hätte gar nicht gießen müssen, in wenigen Minuten würde es sicher schütten.

Mein Vater saß am Küchentisch. Ich gab ihm den Brief von Magnus, nahm eine Tasse und schenkte aus der Thermoskanne Kaffee ein. Während ich einen Teelöffel Zucker hineinrührte, sah ich zu meinem Vater hinüber. Er las mit mürrischem Gesicht. Als er fertig war, warf er das Blatt auf den Tisch und ging hinaus. Ich hörte ihn im Flur rumoren, als er zurückkam, trug er Ölzeug und Stiefel.

– Er sollte sich einen anständigen Job suchen, sagte er.

– Wohin gehst du?, fragte ich.

– Was soll das mit diesem Studium, das kostet nur Geld. Er zog die schwarze Strickmütze über und ging. Ich fragte mich, was meine Mutter dazu gebracht hatte, sich in ihn zu verlieben. Seine Unnahbarkeit? Der Stolz? Die Strenge? Seine schönen Hände?

Ich schaute zu dem Brief von Magnus hinüber. Schon als kleines Kind hatte ich versucht, seine klare Handschrift zu imitieren. Er fehlte mir, aber ich wusste, dass es mir nicht guttat, daran zu denken.

Ich trank den Kaffee aus, ging auf mein Zimmer, legte mich aufs Bett und öffnete Maries Brief. Im Umschlag war ein Foto. Es zeigte Marie und mich im Hallenbad. Wir saßen lächelnd nebeneinander auf dem Sprungbrett. Wir waren dreizehn oder vierzehn. Unsere Badeanzüge waren fast gleich. Marie trug die Bademütze mit den kleinen Plastik-Margeriten. Meine Bademütze war weiß mit einem schmalen Kinnriemen, meine Haare blähten sie so sehr auf, dass mein Kopf größer wirkte, fast ein wenig missgebildet oder marsmenschenhaft.

Marie schrieb, sie sei auf einem Fest gewesen und habe wild mit einem Typen herumgeknutscht, den sie kaum kannte. Sie sagte nicht, dass ich ihr fehlte, und es gab auch keine Grüße von ihrer Mutter.

Ich starrte an die Decke. Ganz flüchtig sah ich Marie und mich im Park. Wir fingen Flügelfrüchte, die von den Spitzahornbäumen herabkreiselten. Wir setzten sie uns auf die Nase und lachten. Wir waren nicht voneinander zu unterscheiden.

Ich steckte das Bild in den Spiegelrahmen, fuhr mir mit dem Kamm durchs Haar, umfasste es und zog es nach hinten.

Ich hatte hohe Wangenknochen und volle Lippen. Die Haut war braun und glatt, mit Sommersprossen auf der Nase. Ich fand mich hübsch und eigentlich ganz attraktiv. Aber vielleicht irrte ich mich, vielleicht war ich überhaupt nicht hübsch, sondern reizlos, oder sogar abstoßend. Was andere meinten, war schwer zu sagen, schwer zu wissen. Maries Mutter hatte gesagt, mein Haar sei schön, aber vielleicht wollte sie nur nett sein, mich trösten. Die Männer auf der Baustelle am Rathaus pfiffen immer, wenn ich vorbeiradelte, aber sie sahen mich nur von weitem und pfiffen bestimmt allen nach, solange es nur eine Frau war.

Ich ließ die Haare auf die Schultern fallen. Sie glänzten, obwohl ich sie seit mehreren Tagen nicht gewaschen hatte. Ich dachte an den neuen Friseursalon mit den ordentlich aufgereihten Flaschen und Tiegeln. Es war sicher wunderbar, den Nacken auf den Rand eines der sauberen, kühlen Porzellanwaschbecken zu legen und sich kundigen, weichen Händen zu überlassen. Ich fasste den Entschluss, mir ein wenig Luxus zu gönnen, nahm Geld und ging zu Fuß in die Stadt.

Als ich den Salon betrat, bediente die Friseurin schon eine Kundin. Ich setzte mich an den kleinen Tisch, blätterte in einer der Illustrierten und blickte hin und wieder verstohlen zu ihr hinüber. Sie trug einen weißen, ärmellosen Kittel, ihre Bewegungen waren langsam und geschmeidig. Ihr Körper wölbte sich unter dem frisch gestärkten Stoff. Ich fand, sie sah aus wie eine Göttin.

Sie bediente die Kundin fertig, begleitete sie zur Tür und sagte Auf Wiedersehen, dann kam sie zu mir und streckte mir die Hand hin.

– Guten Tag. Ich heiße Vivian Koller.

– Laura, sagte ich und bemerkte ihre langen, gepflegten Fingernägel.

– Was kann ich für dich tun, Laura?

– Waschen und schneiden.

Sie griff mir routiniert ins Haar, hob es an und rieb es zwischen den Fingern.

– Ich kann die Spitzen etwas kürzen. Und eine Haarkur machen.

Ich sagte, ich wolle es abgeschnitten haben.

– Dann musst du zu einem anderen Friseur gehen.

Ich sah sie an.

– So viel kann ich abschneiden, sagte sie und hielt Daumen und Zeigefinger auseinander.

Ich nickte und folgte ihr ohne Widerworte zu einem der Waschbecken. Sie legte mir einen Plastikumhang um, und als sie vorsichtig meine Stirn berührte und meinen Kopf nach hinten führte, dachte ich, dass sie wirklich aussah wie eine Göttin, Aphrodite vielleicht, oder die schöne Helena. Während sie meine Kopfhaut mit den Fingerspitzen massierte, lief das Wasser und gurgelte beruhigend. Sie schwebte vollkommen laut- und schwerelos umher und beugte ihren üppigen Körper über mich, während ich mit halb geöffneten Augen dalag und in ihr glattes, schwach glänzendes Gesicht aufblickte.

– Du hast sehr schönes Haar.

– Ja, sagte ich.

Nachdem sie die Kur ausgespült hatte, wickelte sie mir ein Handtuch um den Kopf. Sie ging mit mir zum Spiegel, setzte sich auf einen Schemel neben mich und begann, die Strähnen auszukämmen.

– Gehst du hier zur Schule?

– Ich komme im Herbst in die 13. Klasse.

– Ach, mein Sohn auch. Er ist in den Ferien bei seinem Vater, aber in ein paar Wochen zieht er hierher. Vielleicht wird er in deine Klasse gehen.

Sie schaltete den Föhn an. Ich spürte die Hitze und dachte in einem Anfall von Panik, meine Haare würden versengen oder Feuer fangen. Aber wenig später war sie fertig und ich entspannte mich wieder. Sie nahm mir den Umhang ab, ich folgte ihr zur Theke und bezahlte.

– Auf bald, sagte sie und legte mir das Wechselgeld in die Hand.

– Dankeschön, sagte ich und ging.

Ich überquerte die Straße und blieb vor der Konditorei stehen. Die Sonne blitzte durch die rasch dahintreibenden Wolken.

Im Schaufenster flammte ein Bild auf, eine scharf umrissene Projektion auf dem Glas. In dem grellen Licht sah ich die Gebäude auf der anderen Straßenseite, die vorbeifahrenden Autos, die Passanten auf dem Bürgersteig und auf einmal direkt vor mir, inmitten von all diesen Bewegungen und Farben, eine dunkle Gestalt, eine Silhouette, die ich sofort wiedererkannte. Es war meine Mutter.

Ich brach in Schweiß aus. Es war ungeheuer heiß, die Hitze presste mir große Tropfen aus den Poren. Der Stoff meines Kleides klebte mir am Rücken, meine Kopfhaut juckte. Ich muss nach Hause, dachte ich, so darf mich niemand hier sehen.

Doch als ich losgehen wollte, gaben meine Beine nach, ein roter Schatten legte sich auf meine Augen und ich kippte weg. Alles um mich verstummte. Ich konnte nicht wiederauftauchen. Ich war eine Qualle, eine Amöbe. Dann schloss mich jemand in die Arme, half mir auf, sprach mit mir. Es war, als erwachte ich aus einem Traum, und vor mir stand Vivian Koller, den Arm um meine Taille gelegt.

– Du bist ja klatschnass, sagte sie, zog mich in die Konditorei und setzte mich an einen Tisch. Sie kaufte eine Flasche Apfelsaft, schenkte ein und stellte mir das Glas hin. Ich trank ein paar Schlucke. Ich hatte Angst, dass ich stank und den ganzen Raum verpestete.

– Was ist passiert?, fragte sie.

– Ich muss nach Hause, sagte ich und wischte mir die Knie sauber.

– Ich fahre dich hin.

Ich trank das Glas leer und stand auf. Auch Vivian Koller stand auf, wir überquerten zusammen die Straße. Am Auto sagte ich, es gehe mir besser und ich könne gut nach Hause laufen.

– Auf gar keinen Fall. Sie öffnete die Autotür. Spring rein.

Sie parkte aus. Die Luft im Gesicht war eine Wohltat, nach ein paar Minuten waren Übelkeit und Schwindel verschwunden. Vivian Koller öffnete das Handschuhfach, nahm eine Sonnenbrille heraus und hielt sie mir hin.

– Geht es dir wieder gut?, fragte sie.

Ich nickte, setzte die Sonnenbrille auf, sah zu ihr hinüber und schaute sie mir an. Sie hatte schöne Beine, kräftige, gut geformte Waden. Der Kittel war schmal, schlicht und knapp knielang. Ich fand, dass ihr der weiße Stoff gut stand. Sie hatte etwas Exquisites. Sie roch nach Liebe. Ich verspürte Lust, mich zu ihr hinüberzubeugen, den Kopf an ihre Schulter zu legen, mich in ihren Duft zu hüllen. Ich drehte mich ein wenig zu ihr hin, so dass ich schräg auf dem Sitz saß. An ihrem Kittel war ein Knopf aufgegangen, ich konnte eine Brust erahnen. Ich fragte mich, wie es wohl wäre, die Hand dort hineinzuschieben und mit den Fingern über diese üppige Blässe zu gleiten.

Wir fuhren am Park vorbei und hielten gleich darauf vor unserem Gartentor. Vivian Koller fragte, ob jemand im Haus sei, und als ich den Kopf schüttelte, ging sie mit mir rein.

Es kam mir seltsam vor, mit dieser fremden Frau in unserem Flur zu stehen. Plötzlich fielen mir die vielen bekannten Gerüche auf: Feuchte Wolle, muffiger Staub und Fisch. Ich musste an die »Finde den Fehler«-Bilder in den Illustrierten denken. Es wäre sehr einfach, auf die Dame in Weiß zu deuten und zu sagen: Sie gehört nicht hierher. Vielleicht dachte

Vivian Koller, es sei meine Entscheidung, so zu wohnen, ich hätte die schwere, braune Kommode und den verblichenen Flickenteppich ausgesucht und die Angelausrüstung hinter die Tür gestellt. Aber es waren die Gerüche meines Vaters, die Sachen meines Vaters. Wäre dies mein Haus, dann wäre es hell, sauber und luftig, es würde nach säuerlichen Äpfeln und frischer Minze riechen, ich hätte ihr frischen Tee und ofenwarme Plätzchen angeboten.

– Es tut mir leid, sagte ich.

– Willst du duschen?, fragte sie. Ich kann warten, bis du fertig bist.

Sie setzte sich auf die Treppe und zündete sich eine Zigarette an.

Im Badezimmer stieg ich in die Wanne. Ich zog den Duschvorhang zu und drehte das Wasser auf, stand lange unter dem kalten Strahl.

Nach einer Weile klopfte es an der Tür. Es war Vivian Koller, die fragte, ob alles in Ordnung sei.

Ich stellte das Wasser aus und rief, sie könne ruhig reinkommen.

Während ich mich abtrocknete, standen wir nebeneinander vor dem Waschbecken. Vivian Koller beugte sich vor und zog sich die Lippen nach.

– Du hast einen schönen Körper, Laura.

– Ich habe zu kleine Brüste.

Sie sah mich an.

– Ich finde sie entzückend.

Sie schaute auf die Uhr und sagte, nun müsse sie gehen, fragte, ob ich allein zurechtkäme.

Ich sagte, ja, selbstverständlich, und streifte den Morgenmantel über. Es war, als habe die Zeit eine kleine Weile nicht aufgepasst, als sei sie unerwartet stehengeblieben, aber jetzt hatte sie wieder eingesetzt und ergriff erneut Besitz von mir.

Ich brachte sie zur Treppe und reichte ihr die Hand.

– Vielen Dank für die Hilfe.

Sie tätschelte lachend meine Wange. Als sie zum Auto ging, blickte ich ihr nach. Sie setzte sich ohne sich umzudrehen hinein und ließ den Motor an, aber vor dem Losfahren machte sie das Seitenfenster auf und winkte.

Als ich mein Fahrrad durch den Hopfenbogen schob, der so dicht und breit geworden war, dass er fast die Sicht auf Andreas' und Johannas Haus verdeckte, murmelte ich etwas, das sich anhörte wie eine Zauberformel: *Humulus lupulus Aureus.* So lernte ich auch die Namen der anderen Pflanzen: *Papaver somniferum. Papaver commutatum. Meconopsis cambrica.*

Die Sonne stand hoch am Himmel, ich legte das Fahrrad in den Kies. Andreas kam über den Rasen, einen Topf in jeder Hand. Als er mich sah, hob er sie hoch, als wolle er mir etwas zeigen, vielleicht eine botanische Sensation, vielleicht nur, wie großartig sie gediehen.

Ich ging ihm entgegen, scheu und erwartungsvoll. Er war nur wenige Wochen fort gewesen, aber es war, als hätte ich ihn jahrelang nicht gesehen.

– Schön, dich zu sehen, Laura.

– Ebenfalls.

– Du hast das hier so gut gemacht. Man könnte meinen, hier war ein professioneller Gärtner zugange.

Er drehte sich um, ging zum Garten hinter dem Haus und winkte, dass ich mitkommen solle.

Ich folgte ihm auf dem gepflasterten Weg. Um uns wogten die Pflanzen, die Blumen loderten in kräftigen Farben und riefen in mir altmodische Wörter wie »wollüstig«, »lieblich«, »begehrenswert« wach, und die unzeitgemäßen Begriffe erinnerten an das, was Vivian Koller gesagt hatte: Ich finde sie entzückend.

Johanna saß am Tisch unter dem Birnbaum und las Zeitung. Sie stand auf und umarmte mich, schenkte Wein ein und reichte mir ein Glas.

Die beiden lobten meine Arbeit, Andreas meinte, ich sei ja sogar mit dem Zitronenbaum zurechtgekommen, das gelinge nicht jedem.

– Hast du schon mal daran gedacht, Gärtnerin zu werden?, fragte er.

Ich schüttelte den Kopf. So viel Lob machte mich verlegen. Ich trank schnell. Johanna schenkte nach, dann holte sie ein Päckchen für mich.

Ich bedankte mich und riss das Seidenpapier auf. Es war ein Kleid, ein gelbes Sommerkleid. Ich hielt es hoch, es wog fast nichts. Ich bedanke mich noch einmal und dachte, dass es Vivian Koller bestimmt gefallen würde. Ich stellte mir vor, wie sie die Hand auf meinen Rücken legte und durch den dünnen Stoff hindurch die Wärme meines Körpers spürte. Gedankenverloren stand ich zwischen Andreas und Johanna. Erst als eine Bö mir das Kleid aus der Hand riss, merkte ich, dass ein Unwetter aufzog.

– Schnell ins Haus, sagte Andreas. Ich schließe nur noch das Gewächshaus.

– Das kann ich machen, sagte ich.

Ich lief über die Steinplatten. Die Haare peitschten mir ins Gesicht. Ich wollte gerade die Glastür schließen, als ich bei den Gurken eine Bewegung wahrnahm. Es war eine Katze. Ich ging hinein. Es roch nach Erde und abgestandener Luft.

Der kleine Eindringling machte einen Buckel und schlüpfte rückwärts unter einen Tisch. Ich machte einige Schritte auf ihn zu, und hinter mir fiel die Tür ins Schloss. Gleichzeitig prasselten Hagelkörner auf die zerbrechlichen Scheiben. Ich blieb, die Hände über dem Kopf, in dem schrecklichen Lärm stehen und hatte Angst, dass die wütenden Eiskugeln das Glas zerbrechen würden. Meine nackten Füße klebten wie Saugnäpfe am Boden. Die Katze flitzte hin und her, fauchte mich völlig verschreckt an, als wäre ich eine Bedrohung, als wäre ich es, die diese ganze Aufregung verursacht hatte. Nach kaum einer halben Minute war es vorbei und die Sonne kam wieder hervor. Ich ließ die Hände sinken, die Katze sprang auf einen Tisch, blieb dort sitzen und leckte sich die Pfoten.

– Ich will dir nur helfen, du kleiner Teufel, sagte ich und kraulte sie hinter dem Ohr.

Ich trug sie auf den Rasen hinaus.

Andreas öffnete das Küchenfenster.

– Ich glaube, ich muss jetzt nach Hause, sagte ich.

Er bat mich zu warten und kam gleich darauf mit dem Kleid und einem Umschlag heraus.

– Ein kleiner Lohn für deine Arbeit, sagte er.

Zu Hause versicherte ich mich, dass ich allein war. Den Umschlag legte ich ungeöffnet auf den Küchentisch, das Kleid nahm ich mit in den Flur. Ich zog mich aus und blieb nackt vor dem Spiegel stehen. In der kühlen Flurluft bekam mein warmer Körper eine Gänsehaut. Ich streifte das Kleid über und stellte mir vor, dass Vivian Koller mich ansah, mich musterte.

– Es sitzt perfekt, sagte sie.

Ich saß in dem neuen Kleid unter einem Sonnenschirm vor dem Bryggecafé, als Svein Arne, ein Junge aus der Parallelklasse, zu mir kam und fragte, ob es in Ordnung sei, wenn er sich zu mir setze. Ich wollte eigentlich gerade gehen, entschied mich aber, höflich zu sein, und sagte Ja.

Er bestellte ein großes Bier und einen Hamburger mit Chips und fragte, ob ich auch etwas wolle, aber ich sagte, ich sei satt.

Ich nahm eine Zigarette aus meiner Handtasche, er gab mir Feuer.

– Ein besseres gibt es nicht, sagte er und hielt mir sein silbernes Feuerzeug hin.

Er fragte, ob ich in den Ferien verreist sei, und erzählte, ohne die Antwort abzuwarten, von seiner Reise ans Mittelmeer. Ich sah nur seinen Mund, der sich bewegte, und den Rauch, der sich unter dem Sonnenschirm kräuselte. Seine Worte verschwammen in meinem Kopf zu einem fernen Murmeln. Erst die Frage, ob ich mit ins Kino gehen wolle, holte mich zurück. Ich wusste nicht, was ich sagen sollte. Ich hatte keine Lust, mit ihm ins Kino zu gehen, und die Gründe dafür waren alle idiotisch: Das, was er über das Feuerzeug gesagt hatte, die Goldkette, die er um den Hals trug. Es war furchtbar schwer, ihm ins Gesicht zu sagen, dass ich nicht an ihm interessiert war, nicht im Geringsten, weder jetzt noch irgendwann.

– Ich habe leider keine Zeit, sagte ich.

– Ich habe doch noch gar keinen Tag gesagt.

– Ich bin die ganze Woche beschäftigt.

– Dann vielleicht nächste Woche.

– Nein, das geht auch nicht.

Ich steckte die Zigarettenschachtel in die Tasche, stand auf und verabschiedete mich und schlängelte mich zwischen den weißen Tischen hindurch. Vom Meer wehte eine kühle Brise. Ich fühlte mich gut, Svein Arne war zwar nicht mein Typ, aber seine Aufmerksamkeit hatte meine Laune gehoben.

Als ich an der Konditorei vorbeikam, hörte ich jemanden meinen Namen rufen. Ich drehte mich um. Es war Vivian Koller. Sie fragte, wie es mir gehe, sagte, ich sähe gut aus, sei in dem gelben Kleid so hübsch.

– Ich habe ein paar Kopenhagener gekauft, sagte sie und hielt eine Tüte hoch. Hast du Hunger?

Ich bejahte und gestand, dass ich seit dem Frühstück nichts mehr gegessen hatte.

– Gut. Dann komm mit in den Salon und leiste mir Gesellschaft.

Hinter dem geblümten Vorhang an der Kasse lag eine kleine Küche mit Kühlschrank und Kochplatte. An einer Wand hing eine riesige Weltkarte, in der viele Nadeln mit roten Köpfchen steckten, mitten im Raum standen ein runder Tisch und zwei Stühle.

Ein kleines Fenster zum Hof stand weit offen, der Raum war kühl.

Ich deutete auf die Karte und fragte, was die roten Nadeln bedeuteten.

– Wenn man in Norwegen lebt, ist es wichtig, dass man ab und zu mal rauskommt. Seit ich sechzehn war, reise ich jeden Winter ins Ausland.

– Und da waren Sie schon überall?

– Ja.

Sie reichte mir einen Becher und stellte einen Teller mit dem Gebäck auf den Tisch. Bevor sie sich setzte, beugte sie sich vor und schenkte Kaffee ein. Am Rand ihres Ausschnitts wölbten sich ihre großen, weichen Brüste.

Wir aßen und sie erzählte, dass sie allein durch Frankreich gefahren sei. Ich lauschte den schönen Namen: Lyon und Marseille, Cherbourg und La Rochelle. Sie deutete auf Istanbul am Marmarameer und der Bosporusmündung, erzählte von den türkischen Bädern dort, ich fand, sie erzählte genauso schön wie Scheherazade in Tausendundeine Nacht.

– Aber man muss nicht weit wegfahren, sagte sie, lehnte sich zurück und zündete eine Zigarette an. Manchmal fahre ich zum Strandhotel an der alten Lotsenstation. Da sind meistens nur Engländer, Amerikaner und ein paar norwegische Touristen. Warst du schon mal da?

– Nein.

– Weißt du was? Wie wäre es, wenn du Freitag mit mir hinausfährst? Ich will gegen fünf aufbrechen.

Ich sah sie an. Dort war es sicher sehr teuer, ich bezweifelte, dass sie es ernst meinte und mich wirklich mitnehmen wollte. Vielleicht war es nur ein freundlicher Gedanke, eine höfliche Floskel, ganz unverbindlich, so, wie Amerikaner *Let's have lunch sometime* sagen. Trotzdem sagte ich zu und stand am Freitag pünktlich um fünf vor dem Salon. Wartend ging ich auf dem sonnenwarmen Bürgersteig auf und ab. Nach einiger Zeit versuchte ich, die Ladentür zu öffnen. Sie war abgeschlossen. Ich klopfte ans Schaufenster, aber es kam niemand. Ihr Auto stand an der üblichen Stelle, so dass ich nicht damit rechnete, dass Vivian Koller ohne mich gefahren war.

Ich ging in den Hinterhof und über Kopfsteinpflaster zu einer grün gestrichenen Tür. Es roch nach den Rosenbüschen, die an der Wand hochkletterten. Auf dem Klingelschild stand *Koller*. Ich blieb eine Weile stehen und lauschte, aber da war nichts. Mir sank der Mut. Was war, wenn sie es wirklich nicht ernst gemeint hatte? Vielleicht war ich nur ein gutgläubiges Mädchen, ein naives kleines Ding, das überhaupt nichts begriff.

Vorsichtig legte ich den Zeigefinger auf die Klingel. Ich zögerte einen Moment, so als müsse ich mich einer komplizierten Aufgabe stellen, einer schicksalsschweren Entscheidung. Dann drückte ich auf den kleinen Knopf, es war einfach und mühelos. Irgendwo im Haus surrte es. Ich trat einen Schritt zurück. Wenige Sekunden später öffnete Vivian Koller die Tür.

– Bitte entschuldige, Laura, sagte sie. Gerade, als ich loswollte, ist mein Sohn gekommen.

– Das macht nichts. Wir können uns ein andermal treffen.

– Nein, jetzt bin ich so weit. Ich glaube sogar, er ist ganz erleichtert, wenn ich aus dem Haus bin.

Wir gingen zum Auto und stiegen ein. Vivian Koller tätschelte mir den Arm und sagte, sie habe sich darauf gefreut, mir das Hotel zu zeigen, dann drehte sie den Zündschlüssel um und schob eine Kassette ins Autoradio.

Wir verließen die Stadt und nahmen die kurvenreiche Küstenstraße. Hin und wieder sagte eine von uns etwas, dazwischen lagen lange Pausen. Ich saß tief in dem weichen Ledersitz und lauschte der Musik.

– Was ist das?, fragte ich.

– Vince Guaraldi, sagte sie und stellte lauter. Sie öffnete das Handschuhfach und nahm die Kassettenhülle heraus. Sie zeigte ein eng aneinandergeschmiegten Paar, darüber stand *Cast your fate to the wind.*

Als wir etwa eine Stunde gefahren waren, deutete Vivian Koller auf ein großes weißes Holzgebäude am Ende einer Landzunge. Von der Straße aus schien es fast, als schwebte es über dem Meer. So ist das, wenn Menschen in der Wüste Luftspiegelungen sehen, dachte ich.

Wenig später bogen wir auf einen offenen Platz vor dem Hotel ein, und Vivian Koller parkte den Wagen im Schatten direkt vor dem Haupteingang. Sie drehte den Rückspiegel zu sich hin und ordnete ihr Haar.

– Schön, dass du mitgekommen bist, sagte sie und berührte ganz leicht meinen Arm.

Wir gingen direkt ins Restaurant, es lag in einem Vorbau mit durchgehender Fensterfront. Die Tische waren mit strahlend weißen Tischtüchern, Kerzenleuchtern und hohen, schimmernden Gläsern gedeckt, auf den Tellern standen steife Stoffservietten, zusammengehalten, ja umschlungen von breiten Silberreifen, an der Decke hingen große Kronleuchter.

Sofort kam ein Kellner. Er verbeugte sich lächelnd vor uns beiden, Vivian Koller begrüßte ihn mit Namen und bat um einen Tisch auf der Terrasse. Sie bestellte eine Flasche Weißwein und half mir bei der Auswahl aus dem Menü. Wir wählten Schalentiersuppe als Vorspeise und gegrillten Lachs als Hauptgang, mit dem Nachtisch wollten wir noch warten.

Der trockene, strohgelbe Wein ging rasch ins Blut, er machte mich gelassen und ruhig. Als das Essen kam, lauschte ich fast schon ein wenig benommen Vivian Koller, wie sie über ihre Reisen sprach.

Es war so friedlich, satt und beschwipst dazusitzen. In dem goldenen Abendlicht war Vivian Kollers Haut so schön und seidig, sie lag so weich auf Stirn und Wangen.

Als die Sonne unterging, wurde es kühler, der Kellner brachte uns Decken. Wir diskutierten, ob wir noch Dessert oder lieber nur Kaffee wollten, erst da ging mir auf, dass Vivian Koller mehrere Stunden lang nicht würde fahren können.

Ich sah auf die Uhr, sie fragte, woran ich dächte.

– Eigentlich nichts.

– Musst du nach Hause?

Ich schüttelte den Kopf. Ein kleines Insekt hatte sich auf das weiße Tischtuch gesetzt. Ich hob die Hand, wollte es fortwedeln, aber ließ es sein.

Vivian Koller beugte sich zu mir herüber und strich mit den Fingernägeln leicht über meinen nackten Unterarm.

– Wollen wir über Nacht hierbleiben?, fragte sie.

Ich sah sie an.

– Ja.

– Du verstehst, was ich meine?

– Ja, sagte ich wieder. Und plötzlich war es, als verfügte ich über eine Stärke, die mich nie verlassen und durch nichts zu schwächen sein würde, über eine umfassende, endgültige Unabhängigkeit.

Wir standen auf und schoben die Stühle an den Tisch zurück. Vivian Koller ging ein Zimmer für uns bestellen, wenige Minuten später kam sie zurück. Sie schwenkte den Schlüssel wie eine Glocke. Ich folgte ihr. Wir nahmen die Treppe in den ersten Stock und gingen einen mit Teppichen ausgelegten Korridor entlang. Mein Wangen brannten, als strenge mich ihre Nähe nun plötzlich an, als koste die Anziehung mich auf einmal Kraft. Was fällt mir ein, dachte ich, wie kann ich es nur wagen? Aber es war zu spät, nichts konnte mich aufhalten. Ich war frei, losgelöst von allem. Diese Erkenntnis löste einen Schwindel aus, der mich erregte und furchtlos machte.

Vivian Koller schloss die Tür auf, trat einen Schritt zur Seite und machte eine einladende Handbewegung.

Kaum waren wir im Zimmer, fielen wir uns in die Arme. Sie küsste mich, und ich presste mich an sie.

– Warte, sagte sie und nahm meine Hand.

Sie führte mich zum Bett, legte die Handtasche auf den Nachttisch und musterte das Zimmer.

– Ja, das sieht gut aus, sagte sie und zog mich an sich.

Sie knöpfte sich die Bluse auf, hob eine Brust an, legte mir eine Hand in den Nacken und schob meinen Kopf zu sich hinunter. Ich zitterte, ließ aber ohne Zögern die Zunge über die harte, hellrote Spitze streichen und umfasste dabei ihre Hüften und ihr Gesäß.

– Du weißt, was ich mag, sagte sie und öffnete die Bluse so weit, dass beide Brüste entblößt waren.

Wir legten uns aufs Bett, sie zog mein Kleid hoch und schob zwei Finger unter den Rand meines Slips, wir liebten uns langsam und heftig. Erst spät in der Nacht stand ich auf, träge und entkräftet.

– Wohin willst du?, fragte Vivian Koller und schlug mir leicht auf den Hintern.

– Nirgends, sagte ich. Meine Ruhe überraschte mich.

Ich schaute in die Minibar.

– Können wir uns einfach etwas nehmen?, fragte ich.

– Ja. Nimm, worauf du Lust hast.

Ich öffnete eine Flasche Pepsi und stellt mich ans Fenster. In der Dunkelheit sah ich die Lichter eines Schiffs.

Vivian Koller ging ins Bad. Als sie zurückkam, setzte sie sich auf die Bettkante und steckte sich eine Zigarette an.

– Bist du schon mit vielen Frauen zusammen gewesen?, fragte ich langsam, fast beiläufig.

– Hin und wieder, sagte sie.

Wenn ich in sie verliebt wäre, dachte ich, würde mich diese Antwort eifersüchtig machen, aber so erregte sie mich nur. Ich stellte die Flasche auf das Fensterbrett und ging zu ihr. Sie drückte die Zigarette aus und umarmte mich, beugte sich vor und leckte meinen Bauch. Ich setzte mich rittlings auf ihren Schoß, und ausgerechnet in dem Augenblick dachte ich, dass sie eine Freundin war, meine Vertraute.

Am Morgen frühstückten wir auf der Terrasse. Wir nahmen uns Zeit. Vivian Koller sagte nicht viel, mir war das recht. Ich genoss die Aussicht und die frische Meeresbrise. Wir machten einen langen Strandspaziergang, und anschließend fuhr sie mich nach Hause.

Sie hielt vor dem Gartentor, ohne den Motor auszumachen, hob nur die Sonnenbrille und sagte, das Zusammensein mit mir sei schön gewesen.

Ich nahm meine Tasche vom Rücksitz, öffnete die Autotür und lächelte sie an.

– Tschüss.

– Tschüss, Laura.

Ich blickte dem weißen Auto nach und wusste, dass das der Schlusspunkt war. Es war schon vorbei, dieses flüchtige Abenteuer, diese frivole, unverbindliche Affäre. Doch als ich das Gartentor öffnete und zum Haus ging, tat ich es ohne Traurigkeit.

Mein Vater kam aus dem Haus. Er trug einen Pappkarton.

– Es ist Zeit, dieses ganze alte Zeug wegzuwerfen, sagte er und ging zu dem alten Kombi, der schon voller Kartons, Tragetüten und schwarzen Müllsäcken war.

Ich schaute hinter ihm her.

– Ich fahr das zum Müll, sagte er und stellte den Karton auf den Beifahrersitz. Den Rest hole ich später.

Er setzte sich ins Auto, knallte die Tür zu, fest wie immer, ließ den Motor aufheulen und fuhr hinaus auf die Straße.

Im Flur standen ein Plastiksack, ein paar Schachteln und eine schiefe Stahllampe.

Ich ging in mein Zimmer, öffnete das Fenster, zog das Kleid aus und hängte es vorsichtig in den Schrank. Dann legte ich mich aufs Bett, schob die Hände unters Gesicht und schlief.

Ich träumte. Ich saß mit Vivian Koller in dem Sportwagen, er war weißer als in Wirklichkeit. Wir parkten an einem Strand mit lila Sand, das Meer war gelb, es sah aus wie ein riesiges Eidotter. Vivian Koller zog langsam mein Kleid hoch und berührte mein warmes Geschlecht.

– Ich bin viele Jahre nicht mehr in Barcelona gewesen, sagte sie, und als ich aufwachte, spürte ich etwas Drängendes, etwas Undeutliches, als gebe es etwas, das ich nicht verstanden, etwas Wichtiges, das ich vergessen hatte.

Ich stand auf, streifte eine lange Hose und ein Top über, machte mir einen Pferdeschwanz und lief schnell nach unten. Im Flur blieb ich stehen und betrachtete den Plastiksack und die beiden Schachteln. Draußen rollte ein Auto über den Kies. Mein Vater kam zurück.

– Was machst du eigentlich?, fragte ich.

– Ich werfe nur altes Zeug weg, das deiner Mutter gehört hat.

– Altes Zeug!

Er kam zu mir.

– Es ist wichtig, dass man loslässt, Laura. Es ist wichtig, dass man weitermacht.

Ich ging hinein, öffnete die Kartons, aber sie enthielten nur kaputte Puppen, alte Zeitungen und angestoßenes Porzellan. Ich kippte den Inhalt des schwarzen Plastiksacks auf den Fußboden, durchwühlte einen Berg Kleider und alte Gardinen. Ich fand einen türkisfarbenen Wollmantel und ein Paar hellbraune Lederhandschuhe.

– Ich habe nicht gedacht, dass du dir aus diesen Sachen etwas machst.

Ich zog den Mantel und die Handschuhe an, bückte mich, stöpselte die Lampe ein. Eine Sekunde lang war der Flur hell, dann zischte es im Lampenschirm, die Birne verlosch, es roch versengt. Ich zog den Stecker an der Schnur aus der Wand.

– Du kannst sie mitnehmen, sagte ich und setzte mich auf die Treppe.

Mein Vater trug die restlichen Sachen in den Kombi. Bevor er sich ins Auto setzte, sagte er etwas, was ich aber nicht verstand. Als er zum Tor rollte, hob ich die Hand und winkte ihm zu. Zum Glück sah er es nicht, und ich ließ den Arm schnell wieder sinken. So war es eben. Selbst in Augenblicken wie diesem, wenn wir beide, nur mein Vater und ich, allein waren mit den starken, unauflösbaren Banden zwischen uns, blieb die Unfreiheit.

An einem der letzten Ferientage radelte ich frühmorgens zum Strand. Ich fuhr an Vivians Salon vorbei, nahm mir aber nicht die Zeit, nach ihr Ausschau zu halten. Ich hatte sie nicht mehr gesehen, seit sie mich vom Hotel nach Hause gefahren hatte. Nachts lag ich vor dem Einschlafen manchmal mit der Hand im Schritt und sah sie vor mir, aber mein Begehren war ohne jede Sehnsucht.

Am Strand breitete ich das Badehandtuch aus, zog den Bikini an und nahm *Der Obst- und Beerengarten* aus der Tasche, ein kleines Handbuch von Ferlenius und Thorsrud, das ich in der Bibliothek ausgeliehen hatte.

Sonst war niemand in der kleinen Bucht. Ich legte mich auf den Bauch, das Buch aufgeschlagen vor mir, und ließ mir für jede der vielen Farbtafeln Zeit: »Vor allem bei leicht faulenden Sorten kann das Einhüllen der Äpfel in geöltes Papier die Haltbarkeit verlängern, darüber hinaus bringt diese Arbeit jedoch nur wenig Nutzen.«

Diesen Satz las ich immer wieder, aber mir fielen die Augen zu, und ich gab auf. Ich legte das Lesezeichen ins Buch, bettete den Kopf auf die Arme und schlief ein.

Als ich aufwachte, war mir heiß und ich schwitzte. Über meine Netzhaut flimmerten schwarze Punkte. Ich zog den Bikinigummi zurecht und ging zum Wasser. Weit draußen im Meer bewegte sich etwas. Etwas Dunkles, ziemlich Kleines. Vielleicht eine Robbe oder ein Zwergwal, die sich in der starken Strömung verirrt hatten. Ich dachte nicht weiter darüber nach, sondern lief los und sprang ins Wasser. Kälte umfing mich. Ich schwamm ein paar Züge unter Wasser. Beim Auftauchen spürte ich das Blut durch meine Adern fließen. Ich wandte das Gesicht zur Sonne und ließ mich zum gleißenden Licht erheben.

Nach einiger Zeit schwamm ich zurück. Als ich Grund unter den Füßen spürte, ging ich an Land und legte mich wieder auf mein Handtuch.

Das Dunkle war nähergekommen. Um besser zu sehen, hielt ich die Hand über die Augen, konnte aber wegen der starken Sonnenreflexe nicht erkennen, worum es sich dabei handelte.

Erst als sich die schwarze Silhouette aufrichtete und zu einem Menschen wurde, ging mir auf, dass da ein junger Mann aus dem Wasser watete. Er grüßte mit erhobener Hand, ich winkte zurück.

Er kam zu mir, blieb im scharfen Gegenlicht stehen und sah sich um, als überlegte er, wo er eigentlich sei. Ich schaute nach oben, auf den durchtrainierten Körper, die kräftigen Hände, den bemerkenswert schönen Hals.

– Jetzt ist es schön, sagte er und ließ sich in den Sand fallen. Er drehte sich zu mir, sein Blick war hellblau, intensiv und ruhig zugleich.

– Wo warst du?, fragte ich.

Er deutete auf eine der Inseln. Er sei am Vorabend hinausgeschwommen und habe in einer der Fischerhütten übernachtet.

Ich fragte, ob es kalt gewesen sei, er schüttelte den Kopf. Er habe da draußen einen Schlafsack und warme Kleidung.

– Bist du von hier?, fragte er.

– Ja.

– Da hast du Glück.

– Wieso das?

– Es muss schön sein, hier aufzuwachsen.

– Und du?, fragte ich. Machst du hier Ferien?

– Nein, ich bin gerade aus Bærum hergezogen, sagte er.

Das traf mich wie ein Schlag. Es war einfach, wie eins und eins, ein Kreuzworträtsel für Kinder. Ich erkannte die Gesichtszüge, den Schnitt des schönen Gesichts.

Ich begann, im Buch zu blättern.

– Ich muss jetzt wohl nach Hause, sagte er.

Er ging zu einem der umgedrehten Boote und zog einen Rucksack hervor. Er trank Mineralwasser aus einer Flasche, zog sich Shorts und T-Shirt über, steckte die Füße in Sandalen.

– Tschüss, sagte er.

– Tschüss, murmelte ich zurück.

Er ging in Richtung Landstraße. Dann drehte er sich um.

– Wie heißt du?, fragte er.

– Laura. Laura Sigurdsson.

– Ich heiße Peter Koller, sagte er.

In diesem Herbst versuchte ich, Peter so gut wie möglich aus dem Weg zu gehen. In der Schule war ich kurz angebunden und zurückhaltend, nicht gerade schroff, aber deutlich abweisend. Aus irgendeinem Grund schien das nicht zu wirken, er grüßte mich weiterhin freundlich und versuchte mehrmals, ein Gespräch anzufangen. In der Klasse saß er einige Reihen hinter mir, manchmal spürte ich geradezu seinen Blick im Rücken, aber sobald er Augenkontakt suchte, wich ich aus. Wenn wir uns in der Stadt über den Weg liefen, nickte ich nur kurz, blieb nie stehen, sagte nie etwas, und so wurde Peters Anwesenheit zu etwas Bedrückendem in meinem Leben.

An einem Tag im Frühjahr, ich war auf dem Heimweg von der Schule, rief er mir etwas hinterher, aber ich antwortete nicht, drehte mich nicht um, sondern ging nur schneller und tat, als hätte ich nichts gehört.

Als ich zu Hause ankam, war mir schwindelig und schlecht. Ich warf die Tasche hin und legte mich auf den Küchenboden. Mein Atem ruckelte in der Lunge, es war da drinnen zu wenig Platz, zu eng, die Organe pressten gegen die Rippen, das Herz schien geschrumpft zu sein und trocken.

Ich rollte mich auf die Seite und konzentrierte mich darauf, ruhig zu atmen, betrachtete Brotkrümel und Rote-Bete-Saft-Flecken unter dem Tisch. Ich hörte Motorgeräusche, dachte, ein Sportflugzeug würde näherkommen, konnte das Geräusch aber nicht lokalisieren. Irgendwo jenseits der Hauswand oder über dem Dach lärmte es, dann wurde es plötzlich still, ich legte mich wieder auf den Rücken und lauschte. Die Haustür ging, und bevor ich mich sammeln konnte, stand Magnus in der Tür. Ich rappelte mich auf und klopfte mir den Staub von den Kleidern. Er schloss mich fest in die Arme. Wir blieben lange in dieser Umarmung stehen.

– Ich bin so unsäglich müde, sagte ich schließlich und dachte gleich, dass das Wort »unsäglich« nicht meins war und dass auch »müde« nicht stimmte. Ich fühlte mich taub und kraftlos, taub vor Einsamkeit, erst jetzt konnte ich es aussprechen, natürlich nicht laut, aber jetzt, wo Magnus vor mir stand, ging mir auf, dass ich ganz allein auf der Welt gewesen war.

Magnus nahm mich bei der Hand und führte mich auf die Treppe hinaus. Er deutete auf ein Motorrad, das im Kies stand.

– Was sagst du?, fragte er.

Auch wenn ich nichts davon verstand, sah ich, dass es ziemlich alt war. Der Lack war matt und die Farben dunkel. Es imponierte mir nicht besonders, aber ich nickte und sagte, es sei großartig.

– Es sieht nicht so toll aus, sagte er. Aber es ist immerhin eine Triumph.

– Wem gehört sie?

– Mir. Ich habe sie in Trondheim einem Kommilitonen abgekauft.

Er sah mich so stolz an, als hätte er ein wichtiges Rennen gewonnen oder einen Streckenrekord aufgestellt.

– Zieh dir was Warmes an, dann fahren wir eine Runde.

Ich nahm die Steppjacke von der Flurgarderobe und warf mir einen Schal um den Hals.

Magnus reichte mir einen Helm, setzte sich aufs Motorrad und trat den Motor an.

Ich stieg auf und legte die Arme um ihn.

– Wohin willst du?, fragte er.

Das sei mir ganz egal, sagte ich.

Wir fuhren durch die Stadt und an der Küste entlang. Ich spürte die Meeresluft auf dem Gesicht, spürte, wie mir Wasser aus den Augen lief. Der Helm war zu groß und drohte mir vom Kopf zu rutschen. Ich zupfte Magnus am Ärmel, um es ihm zu sagen, er hielt am Straßenrand und half mir, den Kinnriemen festzuziehen.

Das Strandhotel war leer und verlassen. Es würde erst wieder zu Saisonbeginn in einigen Monaten öffnen. Magnus stellte das Motorrad ab, wir gingen um das Gebäude auf die Terrasse. Stühle, Tische und Sonnenschirme waren fort, wir setzten uns auf die Balustrade. Magnus zog eine Schachtel Zigaretten heraus und zündete zwei Zigaretten an.

– Bis du schon mal hier gewesen?, fragte er.

– Nein.

– Nur Reiche können es sich leisten, hier zu wohnen, sagte er.

Ich nickte.

– Wie findest du das mit Island?, fragte er.

– Island?

– Hat Papa dir das nicht erzählt? Er wird das Haus verkaufen und nach Reykjavik ziehen. Er hat eine Frau kennengelernt, die von dort ist.

– Und wo soll ich dann wohnen?, brach es aus mir heraus.

– Er rechnet wohl damit, dass du mitkommst.

– Ich ziehe auf gar keinen Fall in dieses beschissene Island, sagte ich und sprang von der Balustrade.

Ich ging auf der Terrasse hin und her.

– Reg dich nicht auf, er verkauft das Haus erst im Sommer. Kümmere dich um einen Studienplatz. Gibt es nichts, was du dir vorstellen könntest?

Ich sah hinauf zum Himmel. Er war voller blassrosa Puttenwölkchen. Weit weg kläffte ein Hund.

– Ich könnte mir vorstellen, Botanik zu studieren, sagte ich.

– Dann mach das doch.

Er zog Schuhe und Socken aus, krempelte die Hosenbeine hoch und lief zum Strand hinunter.

Ich blieb stehen und schaute ihm nach.

Er ging im flachen Wasser auf und ab, trat eine Qualle weg, die im Schaum trieb. Die Entfernung und das diffuse Licht verwandelten ihn in einen Jungen, ein Kind, das zwischen Seetang spielte. So waren wir als Kinder nebeneinander am Meer entlanggestapft. Es waren immer dieselben Bilder, unveränderlich, festgebrannt für alle Zeit.

– War es kalt?, fragte ich, als er wieder neben mir stand.

– Schweinekalt, sagte er und band die Schnürenkel zu.

– Island, sagte ich. Sind nicht Armstrong und seine Jungs zum Training dorthin gefahren, bevor sie zum Mond flogen?

Ostern liefen im Kino alte Filme. Ich las das Programm in der Lokalzeitung und kringelte die ein, die ich sehen wollte, von einigen hatte ich gehört, andere hatten verlockende Titel wie *Die Wirkung von Gammastrahlen auf Ringelblumen*, *Ein Pyjama für zwei* oder *Barfuß im Park*, aber am meisten freute ich mich auf *Paper Moon* mit Tatum O'Neal.

An der Kasse kaufte ich die Eintrittskarte, an der Theke Popcorn, und als ich vor der Tür auf den Einlass wartete, sah ich Peter an den Schaukästen mit Filmplakaten und Standbildern. Er war mit einem Mädchen zusammen. Sie stand dicht neben ihm, redete, lachte und schüttelte ihr langes blondes Haar.

Als die Zuschauer in den Saal strömten, hielt ich mich weit hinten. Ein Stück vor mir ragte Peters Kopf aus der Menge. Im halbdunklen Saal bemühte ich mich, unsichtbar zu bleiben. Ich schlich an den Reihen vorbei zu meinem Platz, setzte mich, betete zu Gott, dass sie mich da nicht allein sitzen sahen, und beschloss zu gehen, bevor das Licht wieder anging.

Während der Werbung fragte ich mich, wer dieses fremde Mädchen war. Peter und sie schienen sich gut zu kennen, es wirkte, als hätten sie es gut miteinander. Sie kamen mir jung verliebt vor, und das verstimmte mich. Doch als Tatums Gesicht auf der Leinwand erschien und ich ihren trotzigen Blick sah, wurde ich ruhig, so als hätte mich jemand getröstet oder gesagt, es würde alles gut werden.

Mitten im Film stand Peter auf und ging zum Ausgang. Er wechselte einige Worte mit der Platzanweiserin, die in Richtung Toiletten deutete. Im Lichtstreifen der Tür sah ich seine Silhouette.

Plötzlich begriff ich, dass alle Chancen vertan waren und ich dafür nur mir selbst zu danken hatte. Ich verlor den Faden der Filmgeschichte, saß unbeteiligt da, während die Bilder sinnlos vorbeirauschten. Ich überlegte, dass es das Beste wäre, wenn ich nach Hause gehen und Peter vergessen würde. Niedergeschlagen nahm ich meine Sachen und wollte gerade aufbrechen, als sich jemand in den Sitz neben mir fallen ließ.

– Hei, sagte Peter leise.

– Hei.

– Guter Film.

– Ja, sagte ich. Deine Freundin ist süß.

Er sah mich an, sein Blick, der sonst so direkt war, bekam etwas Verlegenes, fast Ausweichendes.

– Und du?, fragte er.

– Was meinst du?

– Ich habe dich vor einiger Zeit mit dem Typen gesehen.

– Welchem Typen?

– Dem mit dem Motorrad.

Hinter uns machte jemand *pst!*.

Ich beugte mich dicht zu Peter hinüber und flüsterte:

– Das war Magnus, mein Bruder.

Peter sah mich an.

– Willst du Popcorn?, fragte ich und hielt ihm den Pappeimer hin.

Er verneinte und sagte, er müsse an seinen Platz zurück, aber bevor er ging, beugte er sich zu mir hinunter und schnupperte an meinem Haar.

– Du riechst gut.

Als ich aus dem Kino kam, hatte es angefangen zu regnen. Ich öffnete den Schirm und machte auf dem Heimweg einen Umweg am Meer entlang. Als ich die Haustür aufschloss und mich in den Flur schlich, war es fast Mitternacht.

– Hallo, sagte ich, aber niemand antwortete.

Ich schlüpfte aus den Schuhen und ging in die Küche. Das Deckenlicht war an, das Fenster stand offen. Es hatte hereingeregnet, die Küche roch frisch und feucht. Ich löschte das Licht und schloss das Fenster, blieb im Dunkeln stehen und betrachtete die Pfütze, die sich auf dem Linoleum gebildet hatte. Dann ging ich in die Hocke, hielt einen Finger dicht über die glänzende Fläche und hatte das Gefühl, dass ich den Arm tief in das Wasser tauchen, meinen Körper in diesen Spiegel senken könnte, den der Regen gemacht hatte.

Es war unmittelbar vor den Sommerferien. Ich hatte im Supermarkt für das Wochenende eingekauft und radelte mit den Tüten am Lenker nach Hause, als ein alter Käfer neben mir auftauchte. Es machte mich nervös, dass er nicht einfach überholte. Ich stieg ab, das Auto fuhr an mir vorbei und hielt am Straßenrand. Das Nummernschild war aus Ostnorwegen, das waren bestimmt Touristen, dachte ich, die mich nach dem Weg fragen wollten, aber als die Tür aufging, stieg Peter aus.

– Soll ich dich nach Hause fahren?

– Das ist nicht nötig.

Er kam zu mir herüber.

– Ach, Laura, lass gut sein, sagte er und nahm die Plastiktüten vom Lenker. Setz dich rein.

Er befestigte das Fahrrad auf dem Dachgepäckträger, setzte sich hinter das Steuer und ließ den Motor an.

– Ich hoffe, die Gurte halten, sagte er.

– Wie geht es mit der Freundin?

– Es ist aus.

– Schade.

– Jetzt hör mit diesem Blödsinn auf, sagte er.

Ich fragte, was er damit meine.

– Du weißt genau, dass ich dich will.

Ich wollte etwas sagen, wollte protestieren, aber ich schwieg. Stattdessen öffnete ich das Fenster. Der Wind wehte mir die Haare ins Gesicht.

Als wir zu Hause ankamen, holte Peter das Fahrrad vom Dach und trug die Tüten für mich hinein. Er half, die Einkäufe in den Kühlschrank zu räumen, und als alles an seinem Platz war, fragte ich ihn, ob er einen Tee wollte. Er sagte, er würde lieber Kaffee trinken, falls ich welchen dahätte.

Wir gingen mit den Tassen hinaus und setzten uns auf die Treppe. Peter erzählte, er habe jetzt ein Boot und wolle am nächsten Wochenende zu einer der Inseln hinaus. Er fragte, ob ich mitwolle, er könne mich gern abholen.

Ich dankte für die Einladung und nippte an dem viel zu dünnen Kaffee.

– Wohnst du allein hier?

Ich erzählte, dass ich hier mit meinem Vater wohnte, der Fischer und fast nie zu Hause sei, und als Peter nach meiner Mutter fragte, zuckte ich mit den Schultern.

– Sie lebt in Mexiko, sagte ich. Sie ist Missionarin.

– Ach.

– Das war nur Quatsch. Sie hat sich das Leben genommen, als ich noch klein war.

Peter deutete auf einen meiner Schnürsenkel, der aufgegangen war. Er beugte sich vor und knotete ihn zu.

– Ich muss los, sagte er und ging zum Auto. Auf bald.

Ich trug die Tassen hinein. Ich hatte gehört, dass man aus dem Kaffeesatz die Zukunft lesen könne, aber an so etwas glaubte ich nicht. Die Tassen stellte ich ungespült nebeneinander auf die Arbeitsplatte und beschloss, sie bis zum nächsten Tag dort zu lassen.

Als wir zur Insel kamen, wurde es schon dunkel. Peter kippte den Außenbordmotor hoch, sprang ins Wasser und schob das Boot an Land. Ich nahm die Schlafsäcke und die Kühltasche und stieg aus dem Boot, dann balancierte ich auf einem großen runden Stein, bis er mit dem Vertäuen fertig war. Wir gingen zur Fischerhütte, legten unsere Sachen auf die kleine Plattform vor der Tür und zündeten uns Zigaretten an.

– Ich bin froh, dass du mitgekommen bist, sagte Peter.

Ich musterte ihn, die ruhige Bewegung, mit der er die Hand hob und an der Zigarette zog, sah zu, wie er inhalierte und den Rauch gleich wieder ausstieß, folgte dem grauweißen Rauch, wie er aufstieg und sich zum roten Abendhimmel kräuselte. Diese winzigen Kleinigkeiten schienen etwas Wichtiges zu verraten: Zugewandtheit, Leidenschaft, möglicherweise Treulosigkeit. Ich betrachtete sein Gesicht im warmen Licht der Dämmerung und hatte das Gefühl, ihm jederzeit geradewegs in die Seele blicken zu können.

Wir sammelten Holz und schichteten es auf. Als Peter mir die Streichhölzer reichte, erfüllte mich das mit einer besonderen Freude, als übertrage er mir eine ehrenvolle Aufgabe. Ich zündete die kleinen Zweige unter dem trockenen Treibholz an, bald flammte das Lagerfeuer auf, erst bläulich und dann in reinem Orange.

Peter nahm eine Flasche Weißwein aus der Kühltasche, schenkte zwei Pappbecher voll und reichte mir einen. Der Wein schmeckte trocken und kratzig.

Wir setzten uns nebeneinander, Peter packte die Butterbrote aus.

– Eins mit Fleckwurst?, fragte er.

Ich sah ihn fragend an.

– Verstehst du nicht?

– Nein.

– Fleckwurst, Wurst mit Flecken. Willst du Salami und Mayonnaise?

– Was hast du sonst noch?

– Nichts.

Ich streckte ihm die Hand entgegen, er gab mir ein belegtes Brot.

Erst als wir die zweite Flasche Weißwein geleert hatten, merkte ich, dass ich betrunken war. Ich hörte, dass Peter mit mir sprach, bekam aber nur Bruchstücke mit. Als er fragte, ob mir kalt sei, schüttelte ich den Kopf.

– Manchmal frage ich mich, ob ich die Dinge zu groß mache, sagte ich.

– Wie meinst du das?

– Oder zu klein.

– Bist du müde?, fragte Peter.

– Ich muss pissen.

Ich stand auf, schwankte zum Ufer und hockte mich hin. Direkt neben mir, im Tang auf den nassen Steinen, waren Krabben. Ich dachte daran, wie oft mein Vater nachts rausgefahren war, um Krabben aus den Netzen zu klauben. Er hatte mich kein einziges Mal mitgenommen. Ich fluchte und zog den Slip hoch, nahm zwei große Viecher und kehrte mit ihnen zu Peter zurück.

In der Hütte fanden wir einen verrosteten Topf, den wir mit Meerwasser füllten, als wir ihn auf das Feuer stellten, sprühten die Funken. Dann warfen wir die beiden armen Tiere ins kochende Wasser.

Es war nicht lange her, dass wir gegessen hatten, und trotzdem stürzten wir uns auf die Mahlzeit. Wir öffneten die Panzer, brachen die Scheren mit Steinen auf, schlabberten und saugten das warme Fleisch wie gierige Schiffbrüchige.

Ich legte mich auf den Rücken, vom Glitzern der Sterne wurde mir übel.

Peter verteilte den letzten Rest Wein, legte sich neben mich und nahm meine Hand.

– Du musst mal zu uns kommen und meine Mutter kennenlernen, sagte er. Du wirst sie bestimmt mögen.

– Vor den Ferien ist so viel los, sagte ich.

– Sie ist wirklich schwer in Ordnung, sagte er.

– Bestimmt.

– Sie wird dich mögen.

Ich setzte mich auf.

– Wie meinst du das?, fragte ich und merkte, dass Atem und Stimme getrennte Wege nahmen.

– Entspann dich, das war nur ein Witz, sagte er und kreuzte die Arme unter dem Kopf. Aber meine Mutter mag Frauen, darum hat sie sich von meinem Vater scheiden lassen.

Ich stand auf und klopfte meinen Rock sauber.

– Ich muss schlafen gehen, sagte ich.

In der Hütte zippten wir die beiden Schlafsäcke zusammen, zogen uns aus, krochen hinein und umarmten uns. Peter rubbelte mir den Rücken warm, und als er mir über den Po strich, protestierte ich nicht.

– Du bist toll, sagte er.

Ich konnte nicht klar denken. Ich schwebte, sah alles wie von außen, und als er mich küsste, wich ich nicht aus. Es war, als ob ich träumte oder mich in einer kitschigen Erinnerung befand. Ich spürte seine Hand an der Innenseite meiner Schenkel, wurde unter seinen Fingern feucht. Er legte sich auf mich und als er in mich eindrang, hielt ich ihn mit den Beinen fest. Und dann war Vivian Koller da, ich konnte es nicht verhindern, konnte sie nicht loswerden. Sie war es, die ich sah, sie war es, die ich auf mir spürte, ihren üppigen Körper, ihre vollen Brüste.

Hinterher schlief Peter ein. Ich lauschte eine Zeit lang seinem leisen Schnarchen, dann löste ich mich aus der Umarmung, zog mich an und schlich hinaus.

Ich ging ans Wasser, hob den Rock und untersuchte den Slip. Da war ein kleiner Blutfleck, nicht groß, eher ein kleiner Schatten. Ich schob die Hand unter mein Hemd, um zu fühlen, ob seine Wärme noch da war, aber meine Haut war kalt und glatt.

Als wir am nächsten Tag nach Hause fuhren, war mir schlecht, ich fühlte mich schlapp. Ich blieb mehrere Tage krank, schlief nachts schlecht und mochte nichts essen. Nach einer Woche rief ich beim Arzt an. Die Sprechstundenhilfe sagte, ich solle einfach kommen.

Im Wartezimmer blätterte ich eine alte Zeitschrift durch, überflog einen Artikel über Untreue, betrachtete die Hochglanzfotos von Models und Popstars, las Musik-Besprechungen. Der kleine Raum roch ganz schwach nach Menthol, an der Wand hing eine Reproduktion von Van Goghs Sonnenblumen neben einem Plakat, das dazu aufforderte, sich gesünder zu ernähren. Auf einen der abgebildeten grünen Äpfel hatte ein Ungeduldiger eine fette Made gezeichnet.

Nach einer Viertelstunde kam der Arzt aus dem Sprechzimmer. Er hielt einer Schwangeren die Tür auf, verabschiedete sich und wandte sich mir zu.

– Sigurdsson?

Ich folgte ihm. Er bot mir den Stuhl an und setzte sich auf den Rand seines Schreibtischs.

– Du bist in letzter Zeit nicht ganz auf dem Damm?, fragte er, ohne den Blick von der Karte zu nehmen.

– Nein.

– Schläfst du nachts gut?, fragte er und setzte eine Brille auf, die er an einer Schnur um den Hals trug.

– Nicht besonders.

Er bat mich, das T-Shirt hochzuziehen und hörte mich mit einem Stethoskop ab. Ich atmete ein und aus und spürte den leichten Druck der runden, kühlen Metallplatte auf der Haut. Mit einer kleinen Taschenlampe leuchtete er mir in die Augen, maß den Blutdruck, legte mir ein Holzstäbchen auf die Zunge und ließ mich »A« sagen. Als er fertig war, verschränkte er die Arme und sah mich über den Brillenrand hinweg an.

– Es scheint alles in Ordnung zu sein, sagte er. Du bist ein bisschen dünn, aber das ist nicht schlimm. Wir machen eine Blutuntersuchung, vielleicht findet sich da was.

Er wird nichts finden, dachte ich, nichts wird er aus meinem Blut lesen können, null Komma nichts. Ich hätte nicht kommen, seine kostbare Zeit nicht verschwenden sollen.

– Ich glaube, es ist vorbei, sagte ich. Ich fühle mich schon viel besser.

Er beugte sich zu mir und sah mich direkt an.

– Laura, bist du nervös?

– Ich weiß nicht. Ich glaube nicht, oder doch, ja, vielleicht ein bisschen.

Er fragte, wie es in der Schule gehe, ich hätte sagen können, dass es glänzend ging, dass ich fast nur Einsen und Zweien hatte, aber ich schwieg. Ich wollte nicht abweisend wirken, aber ich musste da raus.

– Mir geht es wirklich viel besser, sagte ich und stand auf.

– Genieß den Sommer, sagte er.

– Ja, sagte ich.

Als ich wieder auf der Straße war, suchte ich in der Handtasche nach Zigaretten, fand aber nur die alte Schachtel Cooly, die Marie mir geschenkt hatte. In einem anderen Leben, dachte ich, und versuchte mich zu erinnern, wann ich das letzte Mal von ihr gehört hatte. Ich blickte auf die beiden Zigaretten, und obwohl ich unbedingt rauchen wollte, beschloss ich, sie aufzuheben.

In einem Lädchen an der Hauptstraße kaufte ich ein Zehnerpäckchen Camel und einen Apfel. Ich hatte gerade bezahlt, als ich Andreas sah. Er war auf dem Weg in die Eisenwarenhandlung. Ich ging über die Straße zu ihm. Er freute sich, mich zu sehen, und fragte, wie es mir gehe, ob ich Ferienpläne hätte. Ich sagte, ich würde den Sommer mit meinem Freund verbringen.

Andreas fragte, ob ich ihm bei der Auswahl eines Rechens helfen könne. Wir gingen zwischen den Regalen her und sahen uns Gartengeräte, Häcksler und anderes Werkzeuge an. Ich reichte ihm eine Harke, die, wie ich fand, gut aussah. Er wog sie in der Hand, nickte zustimmend und ging damit zur Kasse.

– Was hast du im Herbst vor?, fragte er, als wir wieder auf der Straße standen.

Ich erzählte, dass ich an der Universität in Bergen Botanik studieren wolle.

– Das ist nicht schlecht, sagte er.

Wir gingen zu Fuß nach Hause, hinter uns die Sonne, vor uns unsere langgestreckten Schatten. Ich fand, dass wir zwei Unterwassergeschöpfen ähnelten, die nebeneinander schwammen.

Andreas fragte, ob ich hereinkommen und mitessen wolle. Er stellte die Harke auf die Treppe und schloss die Tür auf.

In der Küche roch es süßlich nach Basilikum. Ich war hungrig, hatte seit dem Vorabend nichts gegessen.

Wir holten Brot, Aufschnitt und Käse, und während Andreas den Tisch deckte, setzte ich Kaffee auf.

– Dieses Jahr will ich es mit Trauben probieren, sagte er.

– Glaubst du, es klappt?

– An der Südwand schon, sagte er. Und dein Freund, hast du ihn gern?

– Vielleicht, sagte ich. Kannst du die Trauben nicht im Treibhaus ziehen?

Ich holte den Kaffee.

– Wie lange warst du in England?

– Es waren fast zwölf Jahre, sagte er, ging ins Wohnzimmer und kam mit einem dunkelblauen Buch zurück, das er mir reichte.

– Das hat mir viel Freude gemacht, sagte er und setzte sich. Ich habe es von Johanna bekommen, als wir uns gerade verlobt hatten.

– *Water in the Psychology of Plants*, las ich laut vom Buchrücken.

– Physiology, korrigierte Andreas.

Ich blätterte in dem Buch, wusste nicht, wonach ich schauen sollte, was er mir zeigen wollte. Die Schrift war klein und es gab keine Farbtafeln, nur einfache Zeichnungen, Tabellen und Schwarz-Weiß-Schemata.

Ich legte das Buch zur Seite, bedankte mich für die Einladung und sagte, ich müsse jetzt nach Hause. Andreas begleitete mich zur Tür und sagte, dass er sich über den Besuch gefreut habe.

Ich ging schnell, spürte den Wind im Gesicht, roch die Seeluft, merkte, wie leicht ich atmete. Das Leben wirkte weniger fordernd, wenn ich mit Andreas zusammen war, dachte ich. Irgendetwas schien geklärt, ein verhedderter Knoten gelöst zu sein. Vivian Koller war nur eine ferne Gestalt. Sie ging mich nichts an, hatte mit Peter und mir nichts zu tun. Ich nahm den Weg durch den Park, es duftete nach frisch gemähtem Gras. Ich war auf dem Weg nach Hause, nach Hause in ein leeres Heim, aber das hatte nichts Verletzendes, es war ganz ohne Wehmut.

Wie wenig wir brauchen, um glücklich zu sein

Auf dem großen Platz hinter der Mittelschule hatte Bergströms Tivoli Buden und Karussells aufgebaut. Es glitzerte und glänzte in allen Farben, aus Lautsprechern hämmerte Musik, und zwischen den Autoscootern und dem Stand mit Zuckerwatte und Popcorn ragte ein Riesenrad in den Himmel.

Peter hatten den Arm um mich gelegt, während ich mit einem völlig verzogenen Luftgewehr auf eine Scheibe zielte. Nach ein paar Schüssen hatte ich den Dreh aus. Ich gewann einen Plüschtiger und schenkte ihn einem Mädchen, das neben uns stand und zusah.

Peter und ich gingen Arm in Arm an den grellen Wagen vorbei. So, dachte ich, könnte ich stundenlang gehen, ohne es leid zu werden. Er war so aufmerksam, und der Flitter und das Aufgedonnerte dieser Scheinwelt um uns herum hatten etwas Verführerisches.

Wir wollten das Riesenrad ausprobieren. Die Gondel schaukelte leicht, und als sich die große Maschinerie in Bewegung setzte, knirschte die Antriebswelle, wir wurden in den klaren, lichtdurchfluteten Himmel hinaufgezogen. Wenig später konnten wir bis zum Meer sehen, ich konnte sogar unser Haus und den kleinen Garten ausmachen.

– Da ist unsere Insel, sagte Peter und deutete hinüber.

Ich legte den Kopf an seine Schulter.

– In einer Woche fahre ich nach Ostnorwegen, sagte er. Ich kann das Haus meines Vaters haben. Er ist den ganzen Sommer verreist.

– Ach ja, sagte ich und richtete mich auf.

– Komm doch mit.

Als ich gerade antworten, gerade sagen wollte, dass ich gern mitkommen würde, unterbrach mich ein kräftiger Ruck der Kanzel, dann stoppte die Maschine mit einem Kreischen, und wir schwebten am höchsten Punkt des Rades, beide schwindelig und erschrocken.

Ich rutschte näher zu Peter hin, er legte den Arm um mich. Trotz der Bestürzung hatte es auch etwas Prickelndes, so in der warmen Sommerluft zu hängen. Ich küsste ihn, zart und lange, dann legte ich ihm die Hand in den Schritt und öffnete den Reißverschluss seiner Hose. Er umfasste meinen Arm und sah mich erstaunt an, das machte mich unsicher, aber dann ließ er los und lächelte, ich beugte mich vor. Sein Glied war schon steif, es füllte meinen Mund. Ich war erregt und drängend.

Auf dem Heimweg kamen wir an einem großen Zelt vorbei, in dem eine Erweckungsversammlung stattfand. Wir schlichen hinein und blieben am Eingang stehen.

Auf einer Bühne ging ein junger Mann im Anzug auf und ab. Er sprach über den Untergang der Welt und den Dämon des Fleisches, das Publikum rief Amen und Halleluja. Eine magere kleine Frau sprang auf. Sie trug ein Kopftuch mit großen gelben Punkten. Sie stellte sich auf die Zehenspitzen, breitete die Arme aus und wandte das Gesicht zum weißen Plastikdach.

– *Schalabalonia!*, schrie sie. Jesuse. Schalabalonia.

Durch einen Spalt im Zelttuch fiel gelbes Abendlicht, es lag wie ein gespanntes, goldenes Band vor meinen Füßen. Ich lächelte, spürte den säuerlichen Samengeschmack im Mund.

Ich hatte den weißen Koffer gepackt und wartete auf der Treppe darauf, dass Peter mich mit dem Auto abholte. Ich war nervös und aufgeregt. Ich war noch nie auf der anderen Seite der Berge gewesen. Ostnorwegen und Bærum waren für mich ebenso fremd wie Hamamatsu oder Appenzell, jetzt würde ich den restlichen Sommer dort verbringen, mit einem Jungen, den ich kaum kannte.

Die Tage zuvor hatte ich in einem vagen, traumgleichen Zustand verbracht. Ich wusste nicht, ob aus Verliebtheit oder nur Anspannung, in diesen Größenordnungen vertut man sich meist. Es gibt so viele eingebildete Gründe. Ich wollte jedenfalls unbeschwert und fröhlich sein, aber auch nicht zu unbeschwert und zu fröhlich, vielleicht eher sorglos und unbeeindruckt.

Mein Vater kam heraus. Er hatte zwei Becher Kaffee, setzte sich neben mich auf die Treppe und reichte mir einen. Und dann erzählte er in einem Ton, als handelte es sich um etwas völlig Nebensächliches, dass das Haus verkauft sei und die neuen Eigentümer gleich nach den großen Ferien einziehen würden.

Ich log und sagte, ich hätte schon einen Studienplatz in Bergen gefunden und hätte dort auch schon ein Zimmer.

– Du bist gut im Organisieren, Laura.

– Ja.

Als Peter kam, stand ich auf, nahm den Koffer und ging zum Auto, ohne mich umzudrehen. Erst als ich saß und Peter losfuhr, kurbelte ich das Fenster runter und winkte meinem Vater zu.

– Gute Reise, sagte er.

– Dir auch, sagte ich.

Obwohl es fast Ende Juli war, lag auf der Hochebene noch Schnee. Nachdem wir mehrere Stunden gefahren waren, schlug Peter vor, dass wir anhalten und uns ein wenig die Beine vertreten sollten. Während das Auto noch fuhr, kurbelte ich das Fenster runter und streckte den Arm zu einer verharschten Schneewand hin, die die Straße begrenzte. Sie war so nah, dass ich sie mit den Fingerspitzen berühren konnte, ich spürte, wie die Kälte durch die Haut bis ins Fingerglied drang.

Peter betätigte den Blinker und hielt am Straßenrand. Ich lehnte mich vor und stützte die Ellbogen aufs Armaturenbrett, während er mich zwischen den Schulterblättern kratzte. Dann beugte ich mich zu ihm hinüber und schnupperte an seiner Halsgrube, fand, dass er wie ein Baby roch.

Wir stiegen aus, die Luft war klar und scharf. Mein Hals war steif, ich hob die Schultern und rollte den Kopf hin und her, um locker zu werden.

– Was ist das denn?, fragte Peter und deutete auf meine Hand.

Ohne es zu merken, hatte ich mich an dem scharfen Schnee blutig gekratzt.

Peter holte ein Pflaster aus dem Handschuhfach, nahm meine Hand und legte den hautfarbenen Gewebestreifen vorsichtig um den verletzten Finger. Er wirkte so absorbiert von dieser Bagatelle, so sanft, so geduldig. Er würde ein guter Vater sein, dachte ich.

Als er fertig war, zog er mich an sich und hielt mich fest.

– Hier oben ist es so schön, sagte er und strich mir eine Haarsträhne hinters Ohr, wo sie hingehörte.

Ich legte den Kopf an seine Brust.

– Vielleicht kommt meine Mutter mal kurz vorbei. Sie war in Andorra und will bei meinem Vater ein paar Kleinigkeiten holen.

Ich machte mich los.

– Ich bin nicht so weit, dass ich deine gesamte Sippe treffen will.

– Meine Mutter ist doch nicht die gesamte Sippe. Und mein Vater ist ja verreist.

– Du weißt schon, was ich meine.

– Eigentlich nicht.

Wir setzten uns wieder ins Auto.

– Ich habe Hunger, sagte ich.

Er ließ den Motor an, fuhr auf die Straße, legte mir die Hand auf den Schenkel.

Ich saß reglos.

– Gut, sagte er und nahm die Hand weg. Dann rufe ich sie an und sage, dass es nicht passt.

Nach einer halben Stunde hielten wir an einem Berggasthof. Wir bekamen einen Tisch mit Blick auf einen kleinen See, ich bestellte einen Schinkenteller, Peter nahm Elchgulasch.

Während wir auf das Essen warteten, nahm Peter meine Hand und sagte, er könne gut verstehen, dass ich seiner Mutter mit etwas Skepsis begegnete.

– Darum geht es nicht, sagte ich. Ich bin nur nicht ganz in Form, vielleicht vertrage ich die Bergluft nicht.

Er lachte mich aus, dann sprach er darüber, wie großartig seine Mutter sei und dass sie niemals auf den Gedanken käme, mich anzumachen. Ich bat ihn, das alles einfach zu vergessen, dann lächelte ich, damit er glaubte, ich sei wieder gut gelaunt.

Als das Essen kam, hatte ich keinen Hunger mehr. Ich stocherte mit der Gabel in den dünnen Fleischscheiben herum. Sah meinen Vater vor mir, wie er zu Hause auf der Treppe saß, den Arm zum Abschied erhoben. So verdammt unbeholfen, dachte ich. Vielleicht war er auch mit meiner Mutter so gewesen, keine Silbe über das, was wichtig war. Vielleicht lag es an all diesem Verkehrten und Missverstandenen, dass sie verschwinden wollte, vielleicht lag es daran, dass sie sich nicht mehr schützen konnte, dass es einfach nicht mehr möglich war.

Das Haus in Bærum war riesig, mit großen Fenstern, die auf einen gepflegten Garten hinausgingen. Im Keller war eine Sauna, vom Schlafzimmer im ersten Stock, wo Peter und ich unsere Sachen ausgepackt hatten, konnte man den Fjord sehen.

Am nächsten Morgen fuhren wir zum Baden an einen Ort namens Kalvøy. Überall waren Menschen, es gab zahllose

Boote, und obwohl es ein ganz normaler Wochentag war, wirkte es, als wären wir mitten in irgendein Fest hineingestolpert.

Eine Zeit lang schwammen wir wortlos nebeneinander her. Erst als wir auf der Decke saßen und uns in der Sonne trocknen ließen, fragte Peter, ob ich gut geschlafen hätte und ob es mir bessergehe. Ich sagte, es gehe mir gut, und als er vorschlug, dass wir am nächsten Abend eine Party machen sollten, sagte ich, dass mich das freuen würde.

– Ich werde auf dich aufpassen, sagte er.

Wir legten uns in die Sonne, er hielt meine Hand und massierte mir sanft die Finger. Ich müsste zufrieden sein, dachte ich, wo ich so in der Sommerwärme lag, döste, die liebevolle Berührung meines Freundes spürte. Besser konnte es nicht werden. Ich sollte jetzt zufrieden sein, aber ich war es nicht, es gab so viel, was mich verstörte, mir nachging: Mein Vater auf der Treppe, dieser starke Mann, diese erbarmungswürdige Gestalt, die einfach nur dasaß, als gäbe es keine Sprache, als gäbe es nicht das geringste Bedürfnis, zu fangen, zu halten, zu streicheln.

Plötzlich ließ Peter meine Hand los. Er sprang auf, rief etwas und wedelte mit den Armen.

– Da ist Thomas mit der Clique, sagte er und deutete auf ein Segelboot, das auf den Bootsanleger vor uns zuhielt.

Als Peter mich seinen Freunden vorstellte, war ich nervös und angespannt. Die Namen verschwanden, kaum dass sie ausgesprochen waren. Ich schien nicht mehr richtig atmen zu können und fand, dass sich die wenigen Worte, die ich sagte, wie kleine Schnapper anhörten, ganz so, als habe sich meine Stimme verklemmt.

Sie luden uns zu einer Segeltour ein, aber als Peter für uns beide zusagte, zupfte ich ihn am Hemd und sagte, dass ich mich nicht ganz wohlfühlte und nicht mitkommen wolle, aber er solle ruhig mitfahren.

Er drehte sich zu mir um, zog die Achseln hoch, es kam mir vor, als läge in seinem Gesicht etwas Anklagendes.

Eines der Mädchen sagte, sie wolle lieber auch nicht mitkommen, sie könne mir gut Gesellschaft leisten. Sie nahm meinen Arm, und ich folgte ihr wie eine Schlafwandlerin über den Anleger in Richtung Land. Ich drehte mich um, weil ich Peter zuwinken wollte, aber er war mit dem Ablegen beschäftigt und schaute nicht in meine Richtung.

Das fremde Mädchen und ich setzten uns etwas weiter draußen auf einen glatten Uferfelsen und rauchten. Sie redete in einem fort, ohne Vorbehalt, ohne Scheu. Ich hörte ihr zu, ohne dass ich selbst so viel auf dem Herzen gehabt hätte. Sie hieß Beathe, war achtzehn Jahre alt, einer von Peters Freunden war ihr Bruder. Sie redete über Sachen, die mich nicht betrafen, aber das machte mir nicht aus. Ich musterte sie mit trägem Blick. Ihr Haar war blond und kurz, der Pony fransig. Ich fand, dass sie hübsch war, genau der Typ, in den sich die meisten Jungen verliebten. Sie hatte etwas Einnehmendes. Als sie aufstand, weil sie, wie sie sagte, nun nach Hause müsse, umarmte ich sie.

Am nächsten Nachmittag gegen fünf kamen schon die ersten Gäste. Der Kühlschrank war voll mit Getränken, Peter hatte Schalen mit Salzstangen, Chips und Erdnüssen vorbereitet, im größten Zimmer hatten wir die Stereoanlage angeschlossen und die Möbel an die Wand gerückt.

Ich schenkte mir ein Glas Wein ein und setzte mich aufs Sofa. Einer von Peters Freunden fragte, ob ich tanzen wolle, aber ich lehnte ab. Er setzte sich neben mich und reichte mir eine unförmige Selbstgedrehte. Ich nahm ein paar Züge. Es schmeckte süß und würzig, ähnlich wie der Pfeifentabak meines Vaters, den Marie und ich in Zeitungspapier gerollt in unserem Keller geraucht hatten. Ich nahm noch ein paar tiefe Züge, wenig später hockte ich im Lotussitz auf dem Fußboden und lachte über meinen Schatten.

Peter kam zu mir und zischte, ich solle mich zusammenreißen. Als ich sagte, er solle den Mund halten, ging er. Ich wollte ihm nachgehen, aber das Zimmer schien zurückzuweichen, alles glitt von mir fort.

Vorsichtig tappte ich zu einem Stuhl und setzte mich hin. Der Rausch war von kurzer Dauer und hinterließ nichts als Benommenheit. Ich verfluchte mich. Ich war wie meine Mutter, dachte ich. Ich konnte mich nicht schützen. Und ich war wie mein Vater, außerstande, irgendetwas Erlösendes zu sagen.

Ich suchte Peter. In der Küche fragte mich irgendein Kerl, ob ich mit in die Sauna wolle.

– Du siehst doch, dass ich beschäftigt bin, sagte ich.

Ich ging in den ersten Stock, dort war er auch nicht. Als ich ihn im Haus nirgends finden konnte, ging ich nach draußen. Das Garagentor stand offen, es brannte Licht. Ich sah hinein.

Peter stand mit dem Rücken zu mir. Er umarmte ein Mädchen. Beathe. Ich spürte einen bitteren Geschmack im Mund, blieb aber dennoch ein paar Sekunden stehen und betrachtete sie. Dann packte ich im Haus meine Sachen, schleifte den Koffer die Treppe hinunter.

Als ich auf der Straße war und anfing, in Richtung Zentrum zu gehen, hörte ich jemand nach mir rufen. Es war Beathe, sie kam zu mir gelaufen und fragte, wohin ich wolle.

– Ich weiß nicht, antwortete ich.

– Ich habe ein Taxi gerufen. Du kannst mitfahren.

Ich sah sie an.

– Du bist verdammt frech, sagte ich.

– Das war keine Absicht, sagte sie. Du weißt doch, wie so was läuft.

Sie sah mir direkt in die Augen. Was gerade passiert war, schien ihr nicht im Geringsten unangenehm zu sein. Wir blieben stehen, zwischen uns der weiße Koffer, und als das Taxi kam, stieg ich mit ihr ein.

Wir fuhren durch stille Straßen. Ich hielt den Koffer auf dem Schoß und lehnte den Kopf an das kühle Seitenfenster, und als Beathe meine Hand nahm, wirkte das ganz natürlich, als wäre nichts geschehen, als wären wir zwei Freundinnen, die von einem Fest nach Hause fuhren.

Als wir etwas später in ihre dunkle Wohnung kamen, kramte ich in meiner Tasche nach Kippen. Ich fand die Schachtel Cooly und öffnete sie. Die zwei Zigaretten waren immer noch weiß und makellos. Eine steckte ich in den Mund, die andere reichte ich Beathe.

Sie verschwand in die Küche, ich hörte sie dort herumhantieren. Ich sah mich in dem spärlich möblierten Zimmer um, der Schreibtisch war mit Papier übersät, das Bett ungemacht, auf dem Boden lagen Kleider.

Sie kam mit einer Flasche Wodka zurück, wir nahmen beide einen Schluck. Dann stellte sie sich dicht vor mich und küsste mich. Ich ließ es geschehen. Sie begann, mich auszuziehen, ich hinderte sie nicht daran. Wir legten uns aufs Bett. Sie stöhnte laut und hemmungslos, das gefiel mir. Ich berührte ihre Brüste, sie waren klein wie meine, anders als die, die mich sonst erregten, aber als sie meinen Slip herunterzog, sich zwischen meine Beine legte und anfing, mich zu lecken, umfasste ich ihren Kopf und hielt sie fest. Ich schloss die Augen und sah Peter vor mir. Er drang in mich ein. Ich sah sein Gesicht, wie ich es beim ersten Mal gesehen hatte, am Strand, im scharfen Gegenlicht.

Als ich am nächsten Morgen aufwachte, wusste ich nicht, wo ich war. Beathe hatte die Decke weggestrampelt. Sie schlief völlig lautlos, so, wie ich mir ein schlafendes Kind vorstellte. Ich sah ihren entspannten Körper, empfand keine Lust mehr, keine Wut und auch sonst nichts, sondern dachte nur, dass sie so unverstellt wirkte. Für sie schien alles unproblematisch zu sein, so als sei sie von den Göttern begünstigt.

Ich nahm die Wodkaflasche vom Nachttisch und trank ein paar Schlucke, dann zog ich mich an und schlich fort.

Ich nahm ein Taxi zum Bahnhof und erwischte gerade noch den Zug nach Stavanger. Nachdem der Schaffner den Fahrschein kontrolliert hatte, stand ich auf, nahm den Kulturbeutel aus dem Koffer und schloss mich in der Toilette ein.

Ich fand den Einmalrasierer und schaffte es, mit der Pinzette die Klinge herauszubrechen. Ich war furchtlos und entschlossen. Zügig schnitt ich mir einen dünnen Riss ins Handgelenk. Es war wie ein Spiel. Doch der Blutspritzer traf den Spiegel, er war kräftiger, als ich erwartet hatte. Ich versuchte ihn ins Waschbecken zu lenken, aber das ging nicht, ich sank zu Boden, und plötzlich sah ich meine Mutter. Sie kam auf mich zu, die Sonne im Rücken.

– Bibber, bibber, sagte sie.

Um mich flammte ein Licht auf, und ich meine mich zu erinnern, mit so etwas wie Wohlbehagen gespürt zu haben, wie der Druck in meinem Kopf wich.

Bevor ich wegging

An einem klaren Tag Mitte Februar stand ich vor dem großen Gebäude, das inmitten von Bäumen und Sträuchern auf einem Hügel lag und über ein halbes Jahr lang mein Zuhause gewesen war, mein Ort auf der Welt. Ich wartete auf ein Taxi, das mich zum Bahnhof in der Stadt bringen sollte. Auf dem trocknen Kies stand der weiße Koffer. Darin waren Kleider, Toilettenartikel, Hausschuhe und einige Bücher. Ich atmete die kühle Luft ein und blickte mich um. Zwischen den Büschen konnte ich bis zum Meer hinuntersehen. Der Wind peitschte die Wellen auf.

Das stattliche Gebäude glich dem Haupthaus eines englischen Landguts. Wäre ich das Kind einer wohlhabenden, adligen Familie, dann hätte ich hier aufwachsen, hätte sich hier meine Kindheit abspielen können. Doch das Haus, das ich gerade verließ, war nicht nur ein elegantes Bauwerk in prächtiger Umgebung, sondern zugleich ein Aufenthaltsort für Menschen mit nervösen Leiden.

Während ich wartete, streifte mein Blick zwei Frauen auf einer Bank beim Ahornbaum. Ich erkannte sie und nickte, doch obwohl ich sicher war, dass auch sie mich erkannten, grüßten sie nicht zurück, sondern warfen mir giftige Blicke zu und wandten sich ab.

Sønstevold, einer der Ärzte, kam mit seinem Hund den Weg entlang. Er grüßte diskret, und mir fiel ein, dass ich ihn vielleicht zum letzten Mal sah.

Ich schaute zum Himmel auf. Es war noch Winter, aber

die Luft hatte schon etwas Mildes, Frühlingshaftes. Es roch nach Erde und Meer. Einen Moment lang war ich ein kleines Mädchen und spielte im Kies vor unserem Haus Himmel und Hölle, mein Mutter saß auf der Treppe, verfolgte mein Hüpfen, lobte mich und sagte, dass ich das sehr gut mache.

Das vorgefahrene Taxi bemerkte ich erst, als es hupte.

Auf dem Weg ins Stadtzentrum schwieg der Fahrer ebenso wie ich. Zehn Minuten später stand ich allein auf dem menschenleeren Bahnsteig.

Ich war zu früh. Das rosafarbene Bahnhofsgebäude leuchtete in der Sonne. Ich setzte eine Sonnenbrille auf, die ich in der Tasche hatte, nahm auf einer Bank vor dem geschlossenen Fahrkartenschalter Platz, schlug die Beine übereinander und lehnte mich zurück. Ich freute mich darauf, Andreas und Johanna wiederzusehen.

Als ich in den Zug stieg, riss ich mir ein Loch in den Strumpf. Ich hasste so etwas. Darin war ich sehr eigen, es war mir wichtig, immer gut angezogen zu sein. Ich fand einen Fensterplatz und hievte den Koffer auf die Ablage. Nachdem der Schaffner meine Fahrkarte abgestempelt hatte, drückte ich mich tief in den Sitz und schlief.

In Bergen hob ich den Koffer runter und stieg aus. Ich hätte ein Taxi nehmen können, beschloss aber, zu Fuß zu gehen. Ich wollte mich bewegen, mich umsehen, der Koffer war leicht und die feuchte Luft tat gut. Ich spazierte durch den Park und am Lille Lungegårdvann entlang zum Hafen. Dort ging ich in eine Konditorei und wartete bei einer Tasse

Kaffee auf die Fähre. Es begann zu regnen, bald schüttete es. Ich nahm das Buch, das ich in der Tasche hatte, und las: »Auf dem Grund des Meeres entdeckte ich eine bezaubernde Muschel. Es war ein blaurosa Stein; ich tauchte, um ihn aufzuheben. Er lag glatt und angenehm in meiner Hand, und ich hielt ihn fest bis zum Mittagessen. Es war ein Glücksstein, beschloss ich und nahm mir vor, ihn den ganzen Sommer über zu behalten. Ich weiß nicht, warum ich ihn nicht verloren habe, wie ich alles verliere. Er liegt jetzt in meiner Hand – warm und rosa –, und ich möchte weinen.«

An Bord des Bootes suchte ich mir einen Fensterplatz. Eine Frau kam über den Kai gelaufen, als sie die Gangway erreichte, klappte ihr Schirm um. Sie ließ ihn los, er flatterte fort wie ein riesengroßer Vogel, der vor ihr flüchtete. Wenig später stand sie im Salon und suchte nach einem freien Platz. Erst da erkannte ich sie. Es war Vivian Koller. Sie hatte die Haare gebleicht und ein wenig zugenommen. Das stand ihr. Sie sah wirklich gut aus. Sie kam zu mir, umarmte mich und freute sich ganz offensichtlich, mich zu sehen. Sie setzte sich zu mir und hielt während unserer Unterhaltung meine Hand. Sie fragte, wie es mir gehe, und ich sagte, es gehe mir gut. Ich erzählte ihr, dass ich eigentlich auf dem Weg nach England sei, wo ich Botanik studieren würde, aber dass ich vorher Bekannte besuchen wolle.

Als wir an Land gingen, wünschte sie mir Glück für das Studium und umarmte mich noch einmal, bevor sie sich in den Volvo setzte und verschwand.

Ich ging in Richtung Hauptstraße. Es war seltsam gewesen, Vivian Koller wiederzusehen. Ich hatte mich über ein Jahr lang von ihr ferngehalten, dann tauchte sie zufällig auf, und alles war in Ordnung, jedenfalls wirkte es so. Sie war so offenherzig, was sie sagte, war so liebevoll und unbefangen, als stünden wir uns immer noch nahe.

Ich kam an dem Anker vorbei, auf den ich als Kind geklettert war und ging über die Straße zum Supermarkt. Dort waren meine Mutter und ich immer auf dem Weg zum Strand hingegangen, in einem großen Kühlschrank stand Limonade, meine Mutter kaufte zwei Flaschen und legte sie in die Kühltasche zu den Broten. Dort blieben sie schön kalt, ich erinnere mich noch, wie sie beschlugen, wenn wir sie nach dem Baden in die Sonne holten.

Ich kam zu dem Haus, in dem ich gewohnt hatte. Es hatte andere Dachziegel, in der Auffahrt lag neuer Kies. Im Hof standen mehrere Fahrräder, der kleine Schuppen war abgerissen. Ich zündete mir eine Zigarette an und wollte gerade weitergehen, als ich ein Mädchen sah, das oben im Apfelbaum saß und mich musterte.

– Fall nicht runter, sagte ich.

– Ich falle nie, sagte sie.

Ich frage sie nach ihrem Namen, aber da stieg sie schnell hinunter und lief ins Haus.

»Im Grunde verlasse ich die Arbeit nie«
Ein Gespräch mit Mona Høvring

Was könnte deiner Hauptperson Laura helfen?
Sie hat es nicht gerade leicht. Ihre Mutter hat sich das Leben genommen, der Vater zeigt kein großes Interesse an seinen Kindern, Laura muss so gut es geht allein zurechtkommen. Und doch sucht sie als Kind und Jugendliche tapfer und optimistisch nach etwas, mit dem sie es in dieser Welt, in diesem scheinbar Sinnlosen aushalten kann. Fast wie zum Trotz schließt sie Freundschaften, sie will sich bewegen, sie radelt zum Meer, sie lernt den Umgang mit Pflanzen, geht ins Kino, trinkt Wein, sitzt im Park und erfindet Geschichten. Sie macht sexuelle Erfahrungen. Sie erlebt Spannung, Frustration, Genuss, die sexuellen Begegnungen werden also zu einem der Elemente, die ihr im Leben helfen.

Laura hat viele sexuelle Phantasien, doch in den eigenen konkreten sexuellen Beziehungen lässt sie mehr das Begehren anderer zu, als selbst etwas zu fordern.
Das Interesse an verschiedenen sexuellen Identitäten ist ein wiederkehrendes Thema in meinen Büchern. Ich möchte über das Sexuelle etwas sagen, das befreit, zumal es von manchen als sündig und abstoßend gewertet wird. Für die Frauen in meinen Büchern soll die Sexualität ein Freiraum sein, sie sollen auf diesem Gebiet gesund sein dürfen, mög-

lichst wenig beschädigt und verkrüppelt, ich versuche immer, sie in einen sexuellen Seelenfrieden hineinzuschreiben. Die Frauen, über die ich schreibe, sollen der Lust und dem Begehren mit Freude begegnen können, sich mit Genuss darin bewegen, ohne Zwang, ohne Gebote, ohne Verbote. Ich habe mich entschieden, den Bereich des Sexuellen als eindeutigen Freiraum darzustellen.

Du schilderst Menschen mit Empathie und Mitgefühl. Du respektierst sie, auch wenn sie eigenartige Dinge tun?
Meine Protagonistinnen sind oft verwirrte Mädchen. Sie können eigensinnig, unberechenbar, albern, destruktiv, klug sein. Ich möchte beim Schreiben Momente schaffen, in denen es möglich ist, bittere Erfahrungen wieder an die Oberfläche kommen zu lassen. Im Grunde möchte ich den Mädchen zeigen, dass die Wände des Hauses, das ich für sie geschaffen habe, standhalten, dass die Räume, in die ich sie setze, voller Möglichkeiten sind. Ich versuche die kleinen, aber bedeutsamen Details aufzuzeigen, die bestimmen, wie meine Protagonistinnen die Welt erleben. In letzter Konsequenz ist Schreiben für mich ein barmherziges Projekt.

Was meinst du mit »barmherzig«?
»Barmherzig« einfach im Sinne von gnädig und mitfühlend im Hinblick auf alles, was sich im Leben der Hauptpersonen ereignet.

Immer mehr Schriftsteller schreiben offen autobiographisch. Wird das auch dein Weg sein?
Nein, ich schreibe nicht biographisch. Ich führe nicht Tagebuch. Ich transformiere und mitunter paraphrasiere ich. Wenn ich schreibe, bitte ich nicht den Himmel, sich zu öffnen, ich versuche, mich dem Himmel zu öffnen. Ich schreibe nicht, um in mich hineinzugehen, ich schreibe, um aus mir herauszugehen. Um zu vergessen, was ich gelernt habe. Um mich an etwas zu erinnern, das ich weiß, ohne wirklich zu wissen, warum ich es weiß. Ich versuche, Herz und Hirn eigene Wege gehen zu lassen, Informationen und Erfahrungen aufzuspüren, die mir verborgen sind. Im Schreiben kann ich mich ebenso identifizieren wie distanzieren, oft blitzt dann kurz etwas auf, das mir den Weg zu einem Stoff öffnet, der mich interessiert und überrascht. Für mich ist das keine Magie, aber manchmal ist es ihr ähnlich.

Schreibst du jeden Tag? Wie sieht dein Arbeitstag aus?
Nein, ich schreibe nicht jeden Tag. Manchmal muss ich pausieren, weil meine Gesundheit etwas labil ist. Aber ich habe einen Zeitplan. Ich notiere im Kalender, an welchen Tagen ich woran arbeiten werde und wann ich frei habe. Und ich mache tatsächlich Jahrespläne. Wenn ich langsamer machen muss, als ich möchte und ursprünglich dachte, verändere ich die Pläne, ganz nach Bedarf. Das gibt mir Übersicht und Ruhe. Das eigentliche Schreiben ist eine Aktivität, die unablässig und kontinuierlich geschieht. Wenn ich beispielsweise

erst einmal mit einem Roman angefangen habe, bin ich geduldig, ausdauernd, völlig versunken. Ich übernehme mich, ich werde müde, aber im Grunde verlasse ich die Arbeit nie.

Wann ist ein Text fertig?

Damit kämpfe ich oft. Es kommt vor, dass ich in die Irre gehe, dass ich viel Text habe, den ich komprimieren möchte, dann könnte ich fast daran verzweifeln, was ich behalten und was ich streichen soll. Diese Bearbeitungsphase ist immer frustrierend, sie gehört zum Schwierigsten am Schreiben. Kurz vor der Fertigstellung fühlt es sich oft an, als würde ich absolut alles zerstören. Da ist es wichtig, dass es jemanden gibt, der die Dinge zurechtrückt und einem Mut macht. Es gibt in meinem Leben einen außerordentlich guten Leser, außerdem habe ich eine hervorragende Lektorin. Die erste Manuskriptfassung ist nie die endgültige. Das Redigieren und der Feinschliff sind nicht angenehm und sehr fordernd, aber auch befriedigend. Und immer nötig. Immer.

Ebba D. Drolshagen